Klaus Christian Wanninger
Wie's früher war

Klaus Christian Wanninger

Wie's früher war

Vom Leben in alter Zeit

Textbildband

EUGEN SALZER-VERLAG HEILBRONN

Georg Allertseder (Freilassing) 112 oben (o.) / 116 o.
Erwin Beck (Winnenden) 73 unten (u.)
Fam. Frey (Backnang) 39 o. / 109 o.
Fam. Hayer (Backnang) 26 u. rechts (r.) / 27 o. / 34 o. links (l.) / 36 u. r. / 112 u.
Fam. Küenzlen (Oppenweiler) 25 / 27 u. / 34 o. r. / 40 / 113 u. / 117 o.
Frieda Luithardt (Backnang) 30 u. / 31 / 33 / 35 u. l. / 36 o. / 37 u. r. / 38 o. / 122 / 123 u.
Fam. Peter (Backnang) 123 u.
Herta Pohl (Leonberg) 121 o. l. / 124
Franz Skarpil (Backnang) 29 o. l. / 29 u. r. / 39 u. l. / 39 u. r. / 109 u. / 110 o. / 111 o. / 113 o. / 116 u.
Renate Wöhrle (Weinstadt) 34 u. / 115 u.
Alle übrigen Photos von Martha Wanninger (Ludwigshafen) und Klaus Christian Wanninger

Satz und Druck: Wilhelm Röck, Weinsberg
Printed in Germany. ISBN 3793602818

Vorwort

Es war an dem Tag, an dem das große Bauernanwesen am Rand des Dorfes abgerissen wurde, um der neuen Umgehungsstraße zu weichen. Der Bagger zertrümmerte mit seiner schweren Schaufel die Mauern, Steine prasselten, die Gebäude fielen nach und nach.
Ein paar von den alten Leuten aus dem Dorf standen eine Zeitlang dabei, wehmütig, Gedanken an längst vergangene Tage im Sinn. In dieser Situation kamen wir miteinander ins Gespräch.
„Wie schnell wird das alles vergessen sein, wie wir früher gelebt haben", erklärte mir eine ältere Frau, „bald weiß kein Mensch mehr darüber Bescheid."
Und dann kam die Rede auf meine Bücher.
„Sie haben doch schon so viele Bücher über die heutige Zeit geschrieben. Warum nehmen Sie sich denn nicht einmal unsere Erinnerungen vor, die Erfahrungen, die wir gemacht haben?"
„Ja, wären Sie denn bereit, mir aus Ihrem Leben zu erzählen?" fragte ich.
Im Nu war ich von einer ganzen Traube alter Frauen umringt.
„Natürlich. Sofort!"

So entstand dieses Buch. Anhand der Erzählungen einiger älterer Frauen vom Land, die mir Abend für Abend von den Sorgen und Freuden ihres ereignisreichen Lebens berichteten, bietet es einen Einblick in die Zeit um die Jahrhundertwende bis weit in die Epoche der Weimarer Republik hinein. Das Leben jener Jahrzehnte entsteht in neuem Glanz, Szenen aus der Kindheit und Jugendzeit der älteren Menschen künden von einer längst vergangenen Zeit.

Von den Spielen der Kinder ist ebenso die Rede wie vom mühseligen Broterwerb der Eltern, von den strengen Erziehungsmethoden der

Lehrer in der Schule wie von den Streichen der übermütigen Burschen im Dorf.
Arbeiten in Haus und Hof kommen zur Sprache, von der Flachsverarbeitung über das Brotbacken und die Versorgung der Tiere reicht der Rückblick.
Veranschaulicht werden ihre Berichte durch unzählige Photographien aus jener Zeit, die sie aus ihren Alben kramten oder mir von freundlichen Nachbarn zur Verfügung gestellt wurden.
„Glaubet bloß net, daß früher alles schlechter war, weil mir soviel schaffe mußtet", gab mir die Seehofbäuerin in Strümpfelbach mit auf den Weg, als wir uns nach einem gemütlichen Abend bei eigenem Most und selbstgebackenem Kuchen voneinander verabschiedeten, „mir waret zufriedener als die junge Leut heutzutag, obwohl mir koine eigene Autos und koi Videoanlag g'habt hent."

Und so stellte ich sie zusammen, die Erinnerungen an längst vergangene Tage, an das Leben in alter Zeit...

Der Geburtstag

Ob sie am 27. oder am 28. Juli das Licht der Welt erblickte – die Seehofbäuerin aus Strümpfelbach weiß bis heute darüber nicht Bescheid. Um Mitternacht herum war's, vielleicht einige Minuten vorher oder auch kurz danach – niemand kann mehr genau Auskunft geben. Die Mutter erzählte, am alten Tag noch habe das Ereignis stattgefunden und auch in der Familienbibel läßt sich dieses Datum nachlesen. Aber auf dem Rathaus haben sie den 28. eingetragen – und so gilt dieser Termin bis heute „offiziell" als ihr Geburtstag.

Doch was soll's, ob der 27. oder der 28. – große Bedeutung hatte dieses Datum für die Seehofbäuerin nie. Entscheidend war allein, daß sie im Sommer das Licht der Welt erblickte: Und welcher richtig fleißige Landwirt hat da schon Zeit, an Geburtstage zu denken, ans Feiern, Schenken, Ausruhen von der harten Arbeit? Ende Juli ist das Korn ausgereift und wartet auf die Ernte und je nachdem, wie das Wetter mitspielt, sind die Stunden der Ruhe in diesen Wochen sehr knapp bemessen – damals wie heute.

So war es auch im Elternhaus der Seehofbäuerin und daher ist es müßig, über das genaue Geburtsdatum zu streiten: Zum Feiern blieb in diesen Wochen einfach keine Zeit.

Trotzdem fieberte die kleine Martha, aus der später die Seehofbäuerin werden sollte, diesem Tag schon Wochen vorher entgegen. Zu verlockend waren die Besonderheiten, die ihm Jahr für Jahr neuen Reiz verliehen: Ein extra herzhafter Kuß von der Ahne morgens beim Aufstehen, ein besonders ausgiebiges Frühstück, wenn es die Zeit erlaubte, und das Päckle von der Tante Emilie aus Hamburg, das schon Tage zuvor mit der Post eingetroffen war.

Was heute so manches Kind in all seinem Überfluß gar nicht mehr zu schätzen weiß, für die kleine Martha wurde an diesem besonderen Tag so

mancher sehnliche Wunsch liebevoll erfüllt.
Da schlich sich die Großmutter in der Frühe, wenn die Eltern gerade aufs Feld gefahren waren, in die Kinderstube, stellte sich vor das Bett der kleinen Jubilarin und stimmte ein fröhliches Lied an. Schlug das Kind die Augen auf, streckte die kräftige Frau ihre Arme nach ihm aus und zog es fest an sich. Glückselig schmiegte es sich an den warmen Körper der Großmutter und genoß ihre Liebkosungen. Nach dem Waschen und Ankleiden wartete dann das festliche Frühstück: Kaffee aus gemahlener Gerste, zwei Hobel selbstgebackenes Brot, ein dünner Scherben Butter und zwei Löffel Gsälz – Marmelade aus Früchten des eigenen Gartens. Anschließend überreichte ihr die Großmutter feierlich das Päckle, zu dem Martha schon während des Essens immer wieder voller Neugier und froher Erwartung hingeschaut hatte: Das alljährliche Präsent der Tante Emilie aus Hamburg.
Pünktlich wie die Hitze des Sommers traf es jedes Jahr einige Tage vor dem Geburtstag ein und ließ in der Phantasie des Kindes alle Wünsche und Hoffnungen neu erblühen. Tante Emilie war Oberin in einem Krankenhaus in Hamburg und dort eine solche Respektsperson, daß sie selbst in jener entbehrungsreichen Zeit Köstlichkeiten herbeizaubern konnte, die nicht nur bei den Kindern Glücksgefühle auszulösen vermochten. So unglaubliche Schätze wie Schokolade, Marzipan oder gar Apfelsinen – runde, orangerote Früchte mit einer wunderlich dicken Schale, die das Kind sonst nie zu Gesicht bekam – quollen aus dem Paket, das die Großmutter sorgsam öffnete und dann oben auf dem Schrank in sicherer Entfernung von allzu gierigen Händen deponierte.

Nicht nur das Geburtstagskind wurde beglückt, jeder aus der großen Familie erhielt seinen Teil, die drei Brüder, die Mutter, der Vater, die Großmutter, alle wurden von

Tante Emilie in einem Begleitbrief liebevoll bedacht.
Die Ahne faltete das Schreiben auseinander, zeigte dem Kind die gestochen scharfe Schrift der fernen Verwandten und begann dann mit stokkender Stimme vorzulesen. Und während sie Wort für Wort buchstabierte und die Ermahnungen der Tante deutlich betonte, versank das Kind in einem Traum von Schokolade, Marzipan und Apfelsinen ...

Die Familie

Die Eltern hatten einen Bauernhof von 35 Morgen (drei Morgen entsprechen einem Hektar), und es läßt sich gewiß sagen, daß beide Zeit ihres Lebens schwer arbeiten mußten. Die Mutter stammte aus einem kinderreichen Haus: Fünf Buben und fünf Mädchen wuchsen zusammen auf und zur größten Respektsperson war ausgerechnet die Jüngste geworden: Tante Emilie, 1860 geboren und schon als junges Mädle in Stuttgart bei hohen Herrschaften wie einem General und verschiedenen Ärzten als Küchen- bzw. Zimmermädchen beschäftigt. Gerade fünfundzwanzig Jahre alt ging sie mit ihrer Freundin nach Hamburg, weil beide sich verbessern wollten. Das war ungewöhnlich zu dieser Zeit, aber Tante Emilie war schon immer besonders couragiert gewesen, wie die Mutter später oft erzählte.
Sie fanden Stellung – die Freundin

als Küchenmagd und sie selber als Zimmermädchen – bei einem Arzt, der mit einer österreichischen Prinzessin verheiratet war. Und so schön und verlockend die prächtige Stadt an der Elbe mit ihren majestätischen Schiffen und feudalen Handelskontoren auch war, diese Familie veränderte das Leben der beiden Dienstmädchen. Jeden Abend nämlich entbrannte im Arzthaus Streit zwischen den Eheleuten: Die Frau Gemahlin gab Tag für Tag sehr viel Geld aus, wie es einer Prinzessin gebührte, und der Herr Gemahl wollte für die Schulden nicht mehr aufkommen.
Dieser unaufhörliche Ehekonflikt nahm der jungen Emilie und ihrer Freundin die Lust am Heiraten, und weil sie beide in Hamburg eifrig die Jugendstunden der Methodisten besuchten, wurden sie auf die Diakonissen aufmerksam.
Was tun, um Ehestreit zu vermeiden? Emilie und ihre Freundin wußten Rat: Nach reiflicher Überlegung traten sie den strengen ehelosen Diakonissen bei und ließen sich zu Krankenschwestern ausbilden. Dieses Leben hatte auch seine Vorzüge. Es führte sie, immer tätig in der Hilfe für andere Menschen, in manche große Stadt, und mehr und mehr wurde Emilie zu einer Frau, die genau wußte, was sie wollte.

Eine andere wichtige Verwandte war Tante Frieda, die älteste Schwester der Mutter.
Ein-, zweimal im Jahr durfte Martha die Tante, die reichen Leuten als Köchin diente, in Stuttgart besuchen. Dort lernte sie immer neue, geheimnisvolle Dinge kennen, die zuhause im kleinen Dorf völlig unbekannt waren. Große, gelbe Hölzer zum Beispiel, leicht gebogen, in einer Schale auf dem Tisch präsentiert, erregten einmal die Neugier des kleinen Mädchens.
Die müßten gut zum Spielen sein, überlegte das Kind, den Blick verlangend auf die seltsamen Gebilde gerichtet. Dabei fühlte sie sich plötzlich von den Augen des Haus-

herrn ertappt. Der vornehme Mann lächelte.
„Nimm dir eine!“
Fragend blickte sie auf den Tisch. Er griff in die Schale, trennte eines der gelben Stücke von den anderen ab und reichte es ihr. Sie bedankte sich artig, machte einen tiefen Knicks und nahm das unbekannte Objekt entgegen. Voller Glück wiegte sie es hin und her und wußte doch nicht so recht, was damit anfangen. Und wahrscheinlich hätte sie es stolz ihrer Bauklötzesammlung hinzugefügt, wäre ihr nicht vorgeführt worden, wozu das gelbe Stück eigentlich gedacht war: So aber kostete sie zum ersten Mal in ihrem Leben von einer Banane.

Zuhause kannte man solche Schätze nicht, man begnügte sich mit dem, was im Garten und auf den Feldern wuchs und verkaufte selbst davon die schönsten und besten Früchte, denn man mußte sparen. Der Hof, auf dem die junge Martha aufwuchs, stammte von Mutters Seite. Der Vater hatte mit 20000 Mark eingeheiratet, eine gewaltige Summe in jener Zeit, und es dauerte lange, bis er sie endlich abgearbeitet hatte.
Zum Glück fiel ihm das nicht schwer, hatte er das mühevolle Landleben doch von Jugend auf gelernt. Einer Kleinbauernfamilie entsprossen, die kaum genügend Geld verdiente, die Kinder zu ernähren, verdingte er sich schon mit vierzehn Jahren als Steinbrucharbeiter, einer der wahrlich beschwerlichsten Möglichkeiten, seinen Lebensunterhalt zu bestreiten. Doch Alternativen hierzu gab es für Jungen aus einem armen Elternhaus kaum.
Im Steinbruch auf der anderen Seite des Bahndamms klopften die ärmeren Bauern und ihre halbwegs erwachsenen Söhne in mühevoller, gefährlicher Arbeit große Steinbrocken aus der Wand. Wunde Hände, gebrochene Finger, von Steinsplittern zerschundene Körper waren oft die Folge. Ein-, zweimal im Jahr gab es gar einen Schwerverletz-

ten, der von herabstürzenden Brokken getroffen und schnell auf einem Fuhrwerk in die Stadt zum Doktor geschafft wurde.
Viel Steine gab's, doch wenig Brot: Denn das meiste Geld verdienten nicht die mühsam im Steinbruch Tätigen, sondern der Besitzer des großen Erdlochs, der die gebrochenen Steine mit seinem Pferdefuhrwerk abholte und zu seinen Kunden brachte.
Daher war der Vater der kleinen Martha froh, als er nach harten Jahren im Steinbruch eine Stelle als Roßknecht bei einer Spedition in der nahen Stadt erhielt. Jetzt transportierte er die Häute der vielen Gerbereien zum Bahnhof, holte bei der Uhrenfabrik die Gehäuse ab und übergab sie den Bahnbeamten zur Weiterbeförderung. Und den Weg zurück vom Bahnhof fuhr er Mehlsäcke zu den Bäckern der Stadt, die ihr Mehl mit der Bahn anliefern ließen, weil die Bauern der Umgebung zu sehr auf Obst und Kartoffeln spezialisiert waren.
Einmal, im Jahre 1905, wurde er mit seinem Fuhrwerk zum Retter aus höchster Not. Da kam doch tatsächlich das erste Auto der Stadt dahergerattert, und der Fahrer schrie: „Hebet me, i ka nemme halte!“
Der Vater winkte, ließ den benzingetriebenen Karren von hinten auf das Fuhrwerk rollen und bremste dann sein Roß ab. Quietschend und wiehernd kam das doppelte Gespann zum Stehen. Die ganze Stadt lachte und war froh, daß das Unglück so gut ausgegangen war.

Kinderzeit

Spielen und anderer unnützer Zeitvertreib waren nicht die wichtigsten Beschäftigungen der Kinder – im Gegenteil!
Von frühen Jahren an, kaum daß Martha und ihre drei Brüder der Obhut der Großmutter entwachsen waren und sich selbständig fortbewegen konnten, wurde ihnen eine Aufgabe zugewiesen. Jeder war seinem Alter gemäß in den Arbeitsablauf eingespannt und konnte sich so für die ganze Familie als hilfreich erweisen.

Arbeit in Haus, Hof und Feld

Im Frühjahr bearbeiteten die Kinder den Boden mit einer Hacke, um die vom Winter noch harte Erde der Äcker und Gärten aufzulockern.
Im Sommer, während der Ernte, mußten sie die Ähren auflesen, die abgebrochen auf dem Boden lagen. Sie trugen dabei ein Tuch wie einen kleinen Sack um den Leib, in dem sie die Ähren sammelten. An manchen Tagen während der Erntezeit mußten sie auch Bänder auslegen – in sauberer, gerader Linie, damit die Eltern die Garben binden konnten. Und wehe, sie fanden sie nicht in einer ordentlichen Reihe!
„Ja, wie hent dia die Bänder so krumm nag'legt, des isch ja omöglich!"

Nicht gerade beliebt war das Sammeln und Zerschneiden von Brennnesseln für die Gänse. Wurden dafür von der Mutter nach langem Bitten und Betteln auch Handschuhe bewilligt, so blieben dennoch viele unangenehm juckende Stellen an Händen und Armen zurück.
Dem Herbst zu häuften sich die Arbeiten für die Kinder. Ob es das Kartoffeln einsammeln oder Äpfel auflesen war, eine sinnvolle, nützliche Tätigkeit wartete immer, und die Zeit zum Spielen beschränkte sich fast ausschließlich auf die Wintermonate, in denen auch die Er-

wachsenen mehr Ruhe und Muße hatten.
Gingen die Eltern am frühen Morgen schon aufs Feld, und das war mit Ausnahme der Wintermonate das ganze Jahr über so üblich, so waren die Kleinen auf jeden Fall dabei, schon allein deswegen, damit sie zuhause nichts anstellen konnten.
„Ond wenn oiner g'fragt hätt, ›ja was krieg' i denn dafür, wenn i mitgang ond mithelf‹, no hätt er höchstens oine uff d' Backe kriegt, des wär scho älles g'wese!"
Fand sich draußen für die Kinder ausnahmsweise wenig zu tun, so schickte man sie zu den Nachbarn; irgendeiner konnte immer ein paar zusätzliche Helfer brauchen.

Die kleine Martha erwies sich alsbald als überaus fleißig und hilfsbereit und sie war sehr stolz, wenn ihr Onkel, der in ihrer Nähe ein großes Baumstück besaß, sie nach stundenlangem Äpfelauflesen lobte.
„Also, die Martha, die schafft granatemäßig was weg, aber meine eigene Jonge, die glotzet bloß de Himmel a!"
Und deshalb erhielt sie ab und zu auch mal eine kleine Belohnung.
Später, als sie älter war, half sie den Nachbarn auch als Kindsmagd: Sie hütete den Nachwuchs, vor allem in der Erntezeit, versorgte die Allerkleinsten, spielte mit ihnen. Wenn sie Glück hatte, erhielt sie dafür zwei, drei Äpfel oder eine Handvoll Mehl für die Mutter zum Backen.
Stolz brachte sie ihren ersten Verdienst nach Hause. Auch an Weihnachten gab es eine Überraschung.
Hatte sie sich als besonders liebevolle Erzieherin des nachbarlichen Nachwuchses erwiesen, so fand sich unter dem geschmückten Baum ein zusätzliches Geschenk – als Dank für viele Stunden Aufpassen, und Martha freute sich über eine kleine Puppe oder einige Holzfiguren.

Wurden die Tage kürzer und die Nächte länger, so ging die ganze Familie zu einem anderen Onkel in den Weinberg zum Herbsten. Die

Kinder warteten schon ungeduldig und voller Vorfreude auf diesen Ausflug, weil es dort mittags den Herbstkäse gab, einen gekochten Käse aus Milch und Eiern mit Brot und wenigen Schlucken Most, manchmal gar Wein und vielen, vielen Trauben – und die gab es sonst das ganze Jahr nie! War das ein Fest im Weinberg des Onkels!

Wenn es dann kalt wurde und der Winter sich ankündigte, übernahmen die Kinder wie selbstverständlich die Versorgung der Küche und der Wohnstube mit Holz und Kohlen. Sie holten die gespaltenen Scheite körbeweise draußen in der Hütte, wo sie fein säuberlich aufgestapelt waren, und lagerten sie in der Küche neben dem Ofen. Kohlen brauchte man nicht so viele. Man ging damit sparsam um, mußten sie doch gekauft werden, während das Holz von den eigenen Bäumen stammte. Die Öfen selber aber blieben für die Kinder tabu, zu groß war die Gefahr, die von unüberlegtem Schüren drohte. Erst später, wenn sie größer und vernünftiger waren, wurde ihnen auch dieses Amt übertragen. Überhaupt: In und um das Haus warteten so viele Arbeiten, daß es keinem langweilig werden konnte. Da waren Kartoffeln aus dem Keller zu holen und zu waschen, die Hühner zu füttern, die Eier zusammenzulesen, das Geschirr in der Küche zu spülen und abzutrocknen.

Und am Samstag wollte das Haus auf Hochglanz gebracht sein – nicht allein von der Mutter Hand. Besondere Aufgabe der Kinder an diesem Tag war das Schuhwerk der ganzen Familie – was gab es da zu schrubben und zu putzen, bis alle Schuhe in sonntäglich frischem Glanz erstrahlten. Der Dreck der Felder und der Schlamm der feuchten Wiesen klebte an den Sohlen, und die kleine Martha und ihre drei Brüder hatten alle Hände voll zu tun.

Ging der Tag seinem Ende zu, so bestimmte der Vater, wann sich alle im Haus einzufinden hatten. Hörten sie sein schrilles Pfeifen, machten sie sich eiligst auf den Weg, gleichgültig wo sie sich gerade aufhielten. Endgültigen Abschied vom Tagesgeschehen nahmen die Kleinen, wenn die Abendglocke zu läuten begann. Mit Ausnahme der Erntezeit traf sich zu diesem Zeitpunkt die ganze Familie am großen Tisch in der Küche. Alle falteten die Hände und beteten den Vers, den die Großmutter jeden Abend vorsprach:

Liebster Mensch, was mag's bedeuten,
diese späte Glocke läutet.
Es bedeutet abermal
meines Lebens Ziel und Zahl.
Dieser Tag hat abgenommen,
bald wird auch der Tod herkommen.
Drum, o Mensch, so schicke Dich,
daß Du sterbest seliglich.

Anschließend breitete die Mutter ein aus eigenem Flachs gesponnenes, selbstgewobenes und -genähtes weißes Tischtuch auf dem Tisch aus und servierte die traditionelle schwarze Brotsuppe. Sie bestand aus Kartoffeln, geschmelztem Schweineschmalz, schwarzen Brotschnitten und viel Brühe. Nach so viel körperlicher Arbeit und frischer Luft den ganzen Tag mundete sie allen am Tisch besser als das leckerste Mahl. Hunger war und ist doch wahrlich der beste Koch.

Kinderspiele

Trotz all der zahlreichen Pflichten, die ihnen von den Eltern auferlegt waren, fanden die meisten Kinder noch genügend Zeit, auch an Spaß und Geselligkeit zu denken. Wurden die Kleineren nach dem Abendessen von der Großmutter in Gewahrsam genommen und zu Bett gebracht, wo sie ihnen aus dem Gesangbuch ein Lied vorsang oder mit ihnen ein Bilderbuch betrachtete, so nutzten die Größeren die Gelegenheit und sprangen auf den Hof oder die Straße. Dort trafen sich die Gleichaltrigen zu lustigen Spielen oder spannenden Verfolgungsjagden.
Die Buben vertrieben sich oft mit *Reifeln* die Zeit: Sie suchten sich irgendwo in den Ecken der Ställe und Scheuern alte Holzreifen, schleppten sie den Hang hoch und ließen sie dann, neben ihnen herrennend und mit Stecken daraufschlagend, den Berg hinunterrollen. Das war eine Gaudi! Außer sich vor Freude kamen sie unten an und schnappten nach Luft.

Nicht weniger Vergnügen bereitete ihnen das *Topfeln*. Wer besonderes Glück hatte, dem schenkte der Osterhase das entsprechende Gerät dazu, einen speziellen Topf, der unten spitz war wie eine Stange und nach oben immer breiter wurde. Den Topf steckten die Jungen in ein Loch irgendwo auf der Straße, wikkelten dann eine lange Schnur, die an einem Stecken befestigt war, um den Topf und zogen das Holz rukkartig zur Seite. Daraufhin begann der Topf zu tanzen und sich in Bewegung zu setzen. Immer schneller sauste er über die Straße, verfolgt von den Kindern, die mit ihren Schnüren in seine Richtung schlugen und ihn so noch lange am Tanzen hielten. Je wilder die Jagd wurde, desto größer war die Begeisterung. Ein, zwei Stunden auf diese Weise beschäftigt, und die Jungen fielen abends in den tiefsten Schlaf. Blieben die Mädchen unter sich,

ging es meist etwas ruhiger zu. Sie liebten es, *Seilhüpfen* zu spielen. Dabei standen zwei Mädchen einander gegenüber und schwangen ein Seil durch die Luft. Ihre Kameradinnen warteten derweil in der Mitte und hüpften johlend hin und her, um das Seil passieren zu lassen.
Nicht weniger begehrt waren bei ihnen Ballspiele oder die Beschäftigung mit Puppen. Oft zogen sie sich in einen leeren Stall oder eine ausgediente Scheuer zurück, bauten dort ihren kleinen Phantasiewesen ganze Wohnungen auf und vergaßen dabei die Welt um sich herum.
Fanden sie genügend Stoffreste und alte Kleider, so verkleideten sie sich mit großer Begeisterung und spielten Erwachsene. Ein Mädchen wurde dann von den anderen hochzeitsmäßig hergerichtet, mit prächtigem Schleier und einem herrlichen Blumenstrauß frisch von der Wiese ausgestattet, und dann zog die ganze Schar auf der Hauptstraße durch den Ort und nahm die Ovationen der Erwachsenen entgegen.

Doch auch die Mädchen trieben ihren Schabernack, kaum weniger als die Buben.
Die einen wie die anderen liebten es, im Klohäusle durchs Loch zu spikken und die Leute bei ihrer verborgenen Tätigkeit zu beobachten. Gab das ein Geschrei, wenn sie bemerkt wurden!
Besonders gereizt reagierte die Großmutter des Nachbarn Hannes. Kaum hatte die alte Frau ihr Klohäusle im Hof hinter den Hasenställen aufgesucht, als sich diese Neuigkeit auch schon von Kind zu Kind weiter verbreitete. Es dauerte keine Minute, da war ein ganzer Trupp von Mädchen und Jungen vor dem kleinen Häusle aufmarschiert, und wie von einer unsichtbaren Hand einstudiert, brauste sogleich ein ganzer Chor kräftiger Kinderstimmen los:

Hinter's Hannesse Hasehaus
hanget hundert Hase raus,
hundert Hase hanget raus
hinter's Hannesse Hasehaus.

Der Schluß des Gesangs endete in Geschrei und Tumult. Nach wenigen Worten nämlich flog die Tür des Klohäusles abrupt auf, und die alte Frau stürzte daraus hervor. Sie rannte über den Hof auf die Kinder zu, vor Eile den Rock hinten in die Unterhosen gesteckt, so daß die Unterwäsche deutlich zu erkennen war. Die Jungen und Mädchen jagten schreiend davon, den Berg hoch, um von droben, nach Luft schnappend, aber voller Schadenfreude, die nur halb angezogene Großmutter zu betrachten, die schimpfend auf sie einbrüllte.

Regnete es draußen, zogen sich die Kleinen in die Ställe oder die Häuser zurück. Manche nahmen Bretter, legten unter sie zwei oder drei schwere Kisten und wippten dann wie auf einer Schaukel rauf und runter. Andere suchten sich im Holzstapel Rindenstücke, kleine Zweige und Tannenzapfen zusammen und bastelten daraus die wunderlichsten Figuren. Ganze Familien, ja komplette Zoos entstanden auf diese Weise: Männer aus Tannenzapfen und Nüssen, mit Pfeifchen im Mund, Frauen mit weiten Kleidern aus Stroh und Gräsern und Tiere jeglicher Art. Geschickte Kinderhände fertigten aus diesen einfachen Materialien eigene Spielzeugbauernhöfe, mit denen sie sich monatelang beschäftigen konnten.

Ein Junge im Dorf wurde von den anderen besonders gern besucht, besaß er doch unglaublich viele und teure Spielsachen, alle aus den feinen Läden der Stadt. Wie er zu all dem Reichtum kam, war den Kindern nicht verständlich, erst später erfuhren sie, daß er von den Nachbarn adoptiert worden war, weil sie keinen eigenen Nachwuchs bekommen hatten und daß ihn sein „richtiger“, sehr reicher Vater mit teuren Geschenkpaketen verwöhnte. Zinnsoldaten gab es da, Bauklötze, Figuren und Phantasiegestalten. Seine Spielsachen waren die Attraktion im Dorf. Oft versteckten sich ganze

Kinderscharen im großzügig ausgestatteten Zimmer des Nachbarjungen, um dort bei ihm und seinen Schätzen zu verweilen. Riefen draußen die Eltern nach der Hilfe ihrer Kinder und kamen gar ins Nachbarhaus, um nach ihnen zu suchen, so krochen sie rasch unter den Tisch mitten im Zimmer und verbargen sich eng aneinandergeschmiegt vor allen unbefugten Blicken. Zogen die Erwachsenen erfolglos wieder ab, so herrschte großer Jubel, und man fühlte sich fast so wohl wie am Sonntag, wenn all die Schafferei endlich eine Pause fand.

Der Sonntag

Der siebte Tag der Woche erstrahlte – außer in der Erntezeit – das ganze Jahr über in besonderem Glanz. Wie das gesamte Haus so waren auch alle seine Bewohner am Samstagabend von Kopf bis Fuß gründlich gesäubert und vom Staub und Schmutz der arbeitsreichen Woche gereinigt worden, damit man für den Sonntag gerüstet war. Schon rein äußerlich sah man den Menschen an, daß an diesem Tag eine andere Stunde geschlagen hatte. Alle, die Alten wie die Jungen, erschienen frühmorgens im besten Sonntagsstaat, mit dem Vorsatz, nur das Allernötigste zu erledigen, sich sonst aber der Andacht, dem Gespräch oder dem Ausruhen hinzugeben.
Die kleine Martha war stolz auf ihr Sonntagskleid, denn es war von ganz anderer Qualität als das Alltagsgewand. Der Stoff dafür stammte von reichen Leuten aus Stuttgart. Er war zwar schon getra-

gen, aber nach kurzer Zeit bereits wieder abgelegt worden. Die Schneiderin in der Stadt, eine Verwandte der Mutter, hatte den Stoff geschenkt bekommen und ihn mit ihren geschickten Händen in ein wunderhübsches Kleid verwandelt. Einen ganzen Sommer lang durfte die kleine Martha es jetzt jeden Sonntag anziehen. Danach wurde es zum Werktagskleid umfunktioniert, und die Mutter mußte sich nach neuem Stoff für ein hübsches Sonntagskleid umsehen.
Morgens rüstete sich die ganze Familie für den Kirchgang, auf den sich alle freuten. Der Gottesdienst fand im alten Schulhaus statt, unten im großen Raum, wo der Lehrer werktags seine Schüler unterrichtete. Eine eigene Kirche gab es zu jener Zeit im Dorf noch nicht, und der Pfarrer kam auch von auswärts. Am Harmonium saß der Herr Lehrer persönlich und daß er mehr schlecht als recht spielte, störte keinen. Man war in dieser Beziehung nicht verwöhnt, und am Herrn Lehrer Kritik zu üben, hätte sich ohnehin niemand getraut. Schließlich war er der Gescheiteste von allen und somit die Respektsperson im Ort. Zudem kannten die Kinder, die schon in die Schule gingen, seine strengen Strafen nur zu gut, und das verhalf ihm zu noch größerem Ansehen.
„Wehe, wenn einer von euch beim Beten nicht auf die Hände schaut, sondern die Leute ansieht, dann bekommt er am Montag seine Tatzen!"
Das war seine Drohung noch vor dem Gottesdienst, und so starrten alle Kinder angstvoll auf ihre Hände, damit ihnen ja nichts Unrechtes unterlief. Beim Mittagessen hatte die kleine Martha vor lauter Verkrampfung beim langen Beten dann oft Rückenschmerzen.

Nur einige Buben, die frecheren, nahmen die Drohungen des Lehrers nicht ernst. Sie waren so schlau, sich in den Schatten des Harmoniums zu setzen, so daß er sie nicht sehen

konnte. Dennoch hatte er auch für sie die passenden Worte parat. „Wenn ihr glaubt, ihr könnt mir entwischen, täuscht ihr euch! Ich kann auch durchs Harmonium durchsehen, ganz genau!“
Doch damit verstärkte er nur die Angst der ohnehin Braven. Die Frechen dagegen glaubten ihm kein Wort und grinsten während des Betens um so ärger im Raum umher.
Die Kinder, die die Konfirmation noch vor sich hatten, gingen nach dem Mittagessen in die Sonntagsschule. Singen, Geschichten erzählen und Beten standen da auf der Tagesordnung, und die Kleinen freuten sich jedesmal, wenn sie die auswendig gelernten Bibelsprüche des vergangenen Sonntags ordentlich hersagen konnten und dafür ein kleines Bild mit einem Bibelvers erhielten.
Schlimm wurde es in der Sonntagsschule immer nur dann, wenn der alte Prediger aus der Stadt kam, vielleicht einmal im Monat, ihnen aus der Heiligen Schrift berichtete und dabei vom Antichristen erzählte, der bald kommen und alle umbringen würde. Die Kinder drängten sich angstvoll zitternd aneinander und fürchteten sich, und allmählich glaubten sie, der Antichrist müsse der Pelzmärte, der Nikolaus, sein, der alle in seinen großen Sack steckte und mit sich fortnahm.
An den Sonntagen, an denen der alte Prediger in die Sonntagsschule kam, waren die Kinder gar nicht begeistert bei der Sache, ja manche weigerten sich, die Stunde überhaupt zu besuchen, wenn der alte Mann mit seinen schrecklichen Geschichten dabei war.

Auf dem Weg zur Sonntagsschule passierte es der kleinen Martha oft, daß die Nachbarin droben am Berg ihr den Rock hochhob, um nachzusehen, ob sie auch einen frischen Unterrock anhabe. Und sie war jedesmal stolz, wenn sie die neidvollen Augen der Nachbarin bemerkte. „Du hasch ja scho wieder en neue Unterrock a!“

Martha nahm es nicht weiter tragisch, schließlich prüfte ihre eigene Mutter die Nachbarskinder oft auch auf dieselbe Weise.

Nach dem Mittagessen – es gab meist gemischten Braten mit Spätzle und Kartoffelsalat – setzte sich die Mutter oft ans Klavier und spielte die schönen Lieder der „Deutschen Weisen". Die Kinder und die Besucher sangen dazu mit solcher Begeisterung, daß es eine Freude war, dem Gesang zu lauschen.
Daß sie sich zu Hause ein Klavier leisten konnten, war natürlich ein sehr seltener Reichtum. So mancher Nachbar schaute sie deswegen mißgünstig an. Aber die Eltern hatten sich das Instrument buchstäblich vom Munde abgespart, weil die Mutter so große Freude daran hatte und der Vater ihr beim Spielen so gern zuhörte. Für das Klavier hatten sie auf viele andere Dinge verzichtet.
Nachmittags waren die Eltern meistens müde und legten sich zum Ruhen hin. Die Kinder störte das nicht, im Gegenteil, sie zogen mit ihren Sonntagskleidern und den guten, vom Schuhmacher gefertigten Sonntagsschuhen durchs Dorf und durch den Wald, spielten oder pflückten auf den Wiesen Blumen. Mit ihren bunten Sträußen liefen sie zum Bahnhof und verkauften dort den Reisenden an den Zugfenstern für drei oder fünf Pfennige einen Strauß.

Der Bahnhof war der Stolz des kleinen Dorfes. Alle zwei Stunden kam ein Zug, von einer mächtigen Dampflok schnaubend gezogen. Quietschend brachte er seine Wagen zum Halten. Arbeiter mit müden Gesichtern und Bauern mit leeren Körben stiegen werktags aus. Sie kamen aus den Fabriken der Stadt und vom Markt und machten sich auf den Weg nach Hause. Heute, am Sonntag, stieg keiner aus. Die Reisenden schienen wohl ferneren Zielen, wahrscheinlich der großen Stadt, zuzustreben.

Unter mächtigen Dampfwolken ruckte der Zug an, die Kinder winkten den Fahrgästen fröhlich zu und beobachteten den stählernen Wurm, bis er im Wald verschwunden war. Wenn die Abendglocke das Ende des Sonntags einläutete, kehrten alle hungrig und durstig zurück. Man betete, nahm das Abendessen ein, und dann durften die Kinder, die größeren jedenfalls, das Fotoalbum betrachten, zum hundertsten Mal vielleicht, doch immer wieder mit neuem Interesse, und in der Schatulle kramen, jener schön bemalten Schachtel, in der die Eltern die Ansichtskarten aufbewahrten, die die Tanten Emilie und Frieda und der Onkel Wilhelm alle paar Wochen schrieben. Die Karten waren ihnen allesamt längst bekannt, alle schon mehrfach betrachtet und studiert, doch immer wieder aufs Neue interessant. Ob sie die Schiffe auf dem Meer betrachteten, die ihnen Tante Emilie aus Hamburg und der Onkel Wilhelm, der bei der Marine diente, hatten zukommen lassen, oder die hochherrschaftlichen Häuser in Stuttgarts bestem Viertel, wo Tante Frieda diente, alle regten ihre Phantasie an und ließen sie wenigstens einen kleinen Teil des Dufts der großen weiten Welt ahnen.
Und die Eltern waren zufrieden, wußten sie doch, was die Karten bewirkten: Einen ruhigen Sonntagabend ohne große Anstrengung, so daß sie sich seelisch schon auf die Mühen der Woche vorbereiten konnten.

Glücklich und zufrieden blätterten die Kinder im Album und der Schatulle, studierten Bilder und Texte, versenkten sich ins Reich der Phantasie und schliefen oft genug darüber ein . . .

Um die Jahrhundertwende

Herzlichen Glückwunsch
zum Geburtstage

Wohlverdiente Ruhepause nach harter Feldarbeit

Ernte um die Jahrhundertwende

Mit dem Ochsengespann aufs Feld

Der Schulmeister und seine Schüler

Beim Herbsten im Weinberg

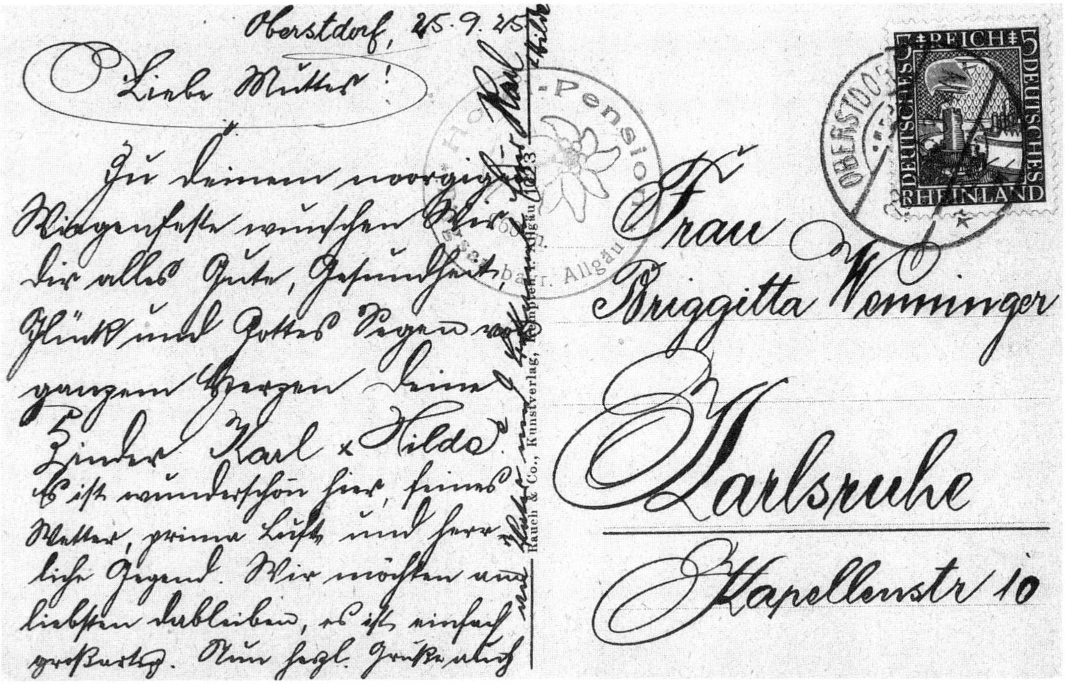
Oberstdorf, 25.9.25

Liebe Mutter!

Zu Deinem morgigen Wiegenfeste wünschen wir dir alles Gute, Gesundheit, Glück und Gottes Segen von ganzem Herzen Deine Kinder Karl u. Hilde.
Es ist wunderschön hier, liebe Mutter, prima Luft und herrliche Gegend. Wir möchten am liebsten dableiben, es ist einfach großartig. Nun herzl. Grüße auch

Frau
Briggitta Wenninger
Karlsruhe
Kapellenstr 10

RUINE MINNEBURG

Sommer- und Winterfreuden der Kinder

Schulzeit

Mit sechs Jahren begann das Leben ernst zu werden. Der Lehrer, die Mitschüler und das alte Schulhaus am Ende des Dorfes warteten auf das junge Menschenkind.
Das war am Anfang schon eine aufregende Sache für die ABC-Schützen, jeden Morgen die gewohnte Umgebung des Elternhauses zu verlassen und mit den Nachbarskindern durchs Dorf zu laufen, um sich vom Lehrer anleiten und abhören zu lassen. Waren sie es bisher gewohnt, sich allein nach den Anweisungen der Eltern und der Großmutter zu richten, so kam jetzt auf einmal eine neue Respektsperson hinzu.
Es brauchte aber nur wenige Wochen, dann waren auch die Neuanfänger mit dem alltäglichen Schulbetrieb vertraut. Schließlich blieb man in kameradschaftlicher Umgebung mit all seinen Spielgefährten, und auch der Herr Lehrer war den Kleinen nicht fremd. Oft genug sah man ihn durchs Dorf laufen, energisch blickend und den Stock in der Hand.
Die Älteren, die schon in die Schule gingen, hatten so viel Respekt vor ihm, daß sie sofort stehenblieben, wenn sie ihn von weitem, etwa am anderen Ende der Dorfstraße, kommen sahen. Mit blitzenden Augen betrachtete er seine Schützlinge, musterte ihre Haltung und nahm ihren Gruß entgegen.
„Grüß Gott, Herr Oberlehrer!"
Voller Achtung standen sie stramm, bis er vorbei war. Wagte es einmal einer, dieses ungeschriebene Gebot aller Schüler zu durchbrechen, etwa nicht sofort stehenzubleiben, sobald er den Lehrer irgendwo zu Gesicht bekam, so hatte dies drastische Folgen.
Missetäter dieser Art wurden am nächsten Morgen, zu Beginn des Unterrichts, vor all ihren Mitschülern, einer speziellen Behandlung mit dem Rohrstock unterzogen: Der Lehrer höchstpersönlich verabreichte ihnen dann mehrere kräftige

Tatzen auf die Hand, die davon tagelang gezeichnet war. Hatten sich einige Jungen eines noch schwereren Delikts schuldig gemacht, so wurden die Stockhiebe in weit kräftigerer Manier ihrem verlängerten Rücken zuteil, was deutliche Striemen hinterließ.
Die kleine Martha allerdings brauchte solch schlimme Dinge nicht zu befürchten, verschonte der Lehrer die Mädchen doch weitgehend vor schweren körperlichen Strafen, weil sie fast alle bräver waren als die Buben. Zudem erwies sich Martha mit der Zeit als so aufmerksam, daß der Herr Lehrer sie bald als Hilfskraft einzusetzen wußte, was ihr – vor allem bei den Jungen – nicht immer nur Vorteile einbrachte.

Der Unterricht begann jeden Morgen pünktlich um acht Uhr. Im Sommer waren die Fenster des Schulhauses geöffnet. Im Winter dagegen heizte die Frau des Lehrers noch vor Unterrichtsbeginn die beiden Schulzimmer. Weil das eine recht anstrengende Prozedur war, mußten ihr die größeren Jungen dabei zur Hand gehen: Zuerst räumten sie die Asche aus dem Ofen und schütteten sie auf einen großen Haufen draußen vor der Schule. Anschließend suchten sie noch vor Schulanfang die übriggebliebenen Kohlestücke aus dem Aschehügel zusammen und legten sie dann neben den Ofen. Jetzt konnte das neue Feuer entfacht werden.
Zur gleichen Zeit waren drei andere Jungen im obersten Stockwerk damit beschäftigt, die Glocke im kleinen Turm über dem Schulhaus zum Läuten zu bringen. Sie zogen kräftig an der Schnur, die sie hin und her schwingen ließ, und taten damit allen Schülern kund, daß der Unterrichtsbeginn jetzt unmittelbar bevorstand. Die Jungen, denen diese Aufgabe anvertraut war, waren sehr stolz und verrichteten ihr Amt stets pünktlich. Später, im Ersten Krieg, mußten sie dann wehmütig zusehen, wie die Glocke aus dem Schul-

haus entfernt wurde, um für Kriegsmaterial eingeschmolzen zu werden. Wenn der Lehrer das Zimmer betrat, saßen alle Schüler auf ihrem Platz. Öffnete er die Tür, erhoben sie sich blitzartig. Wie bei den Soldaten stellten sie sich kerzengerade neben ihre Bank und grüßten ihn im Chor.

„Guten Morgen, Herr Lehrer!"

War er gut gelaunt, grüßte er ebenfalls, reagierte er jedoch nicht oder nur brummend, wußten alle, daß er heute morgen gereizt war und daß sie besonders auf der Hut sein mußten und Wohlverhalten tunlichst angezeigt war. Es kam recht häufig vor, daß der Lehrer schlecht gelaunt war, und viele Schüler entwickelten mit der Zeit ein feines Gespür dafür, seine Gemütslage frühzeitig zu erkennen. Ursache seiner seelischen Verstimmung waren meist Auseinandersetzungen mit seiner Frau. Sie hatte ihm sechs Kinder geboren, fünf Töchter und einen Sohn, zeigte sich ihm gegenüber zeitlebens jedoch nie so untertänig wie seine Schüler. Daß einer Respektsperson wie dem Herrn Schulmeister ein solch widerspenstiges Verhalten übel aufstieß, ist verständlich. Was ihm aber noch mehr zu schaffen machte, war, daß sie ihn ständig und bei jeder Gelegenheit daran erinnerte, daß nicht er die grundlegende materielle Ausstattung ihrer Ehe begründet hatte, sondern sie selbst. Während er nämlich aus einer fleißigen, aber einfachen Bauernfamilie stammte, hatte sie ein größeres Erbteil als Aussteuer in die Ehe eingebracht. Diesbezügliche Vorhaltungen ließen schon am frühen Morgen seinen Blutdruck in die Höhe schnellen. War sein Gesicht beim Betreten des Schulsaals leicht gerötet, so war damit seine schlechte Laune offenkundig, und die Schülerinnen und Schüler bemühten sich um noch mehr Zurückhaltung, als sie es ohnehin schon gewohnt waren.

Dennoch konnten sie es sich eines Morgens nicht verkneifen, laut loszulachen, als er rot vor Wut in den

Saal stürmte, den Gruß der Schüler reaktionslos entgegennahm und dann plötzlich über die Pultschwelle stolperte und auf den Boden stürzte.

Auch die kleine Martha ließ sich in jenem Augenblick von der spontanen Heiterkeit ihrer Kameradinnen und Kameraden mitreißen und zum Lachen verführen. Es war keine Schadenfreude, nur überschäumende kindliche Gefühlsaufwallung über ein ungewohntes Geschehen, aber dennoch sollte es für sie Folgen haben, weil der Lehrer beim Aufstehen rein zufällig der kleinen Martha ins lachende Gesicht schaute.
Dies wurde dem Kind zum Verhängnis: Zum ersten und in der gesamten Schulzeit einzigen Mal erhielt Martha vorne, vor allen Schülern, neben dem Pult stehend, vom Rohrstock des Lehrers zwei kräftige Tatzen auf die Finger. Und es geschah nicht ohne die Schadenfreude vieler Kameraden.
„Endlich hat d' Martha au mol zwoi kriegt!"
Daß sie so selten von den Strafen des Lehrers betroffen war, dafür hatten die Lausbuben unter den Schülern eine eindeutige Erklärung parat.
„D' Martha kriegt bloß deswege koi Hieb, weil ihr Vater em Schulmeister so viel Metzelsupp brengt!"
Dabei entsprach dieses Verhalten ihrer Eltern nur einer alten Gewohnheit, mit der die Bauern den Lehrer ihrer Kinder für seine Anstrengung und nervenaufreibende Tätigkeit belohnten.

Allerdings fiel der Beginn des Unterrichts nur selten so aufregend aus. Normalerweise begab sich der Lehrer zuallererst zu seinem Pult und wühlte dort im Durcheinander seiner Bücher und Aufzeichnungen. Hatte er sich zurechtgefunden, nahm er ein Notenblatt in die Hand und setzte sich ans Harmonium. Ohne besondere Aufforderung erhoben sich alle Schüler und stimmten das Lied an, das er am Harmonium begleitete.

Unsern Eingang segne Gott,
unsern Ausgang gleichermaßen.
Segne unser Tun und Lassen,
wie auch wir uns leiten lassen.

Danach war das Beten an der Reihe. Die Schüler falteten ihre Hände, senkten den Kopf und sprachen das kurze Eingangsgebet, streng überwacht von den Blicken des Lehrers, der genau prüfte, ob jeder sein Gesicht auch tief genug Richtung Boden hielt. War der Lehrer zufrieden, durften sich alle wieder setzen. Die jüngeren Schüler holten jetzt ihre Tafel aus dem Ranzen und zeigten dem Lehrer den frisch gespitzten Griffel. Wehe, einer hatte zuhause vergessen, ihn zuzuspitzen! Sofort nahm der Lehrer seinen Rohrstock und verabreichte die ersten Tatzen dieses Schultags.
Die älteren Schüler, von der vierten bis zur siebten Klasse, schrieben nicht mehr auf die Tafel, sondern führten Hefte und die kleine Schachtel, in der der Federhalter aufgehoben wurde, mit sich. Sie saßen im zweiten Schulraum, der vom ersten durch eine breite Türöffnung getrennt war.
Die Bänke waren in beiden Zimmern gleich angeordnet. Jeweils vier Schüler fanden darin Platz. Wer wo saß, bestimmte der Lehrer: die Jüngeren vorn, die Älteren hinten. Hatte er Tafel und Griffel der unteren drei Klassen geprüft, wandte er sich den Heften und Aufsätzen der älteren Schüler im anderen Raum zu. Die Tür zwischen beiden Zimmern stand immer offen, so daß der Lehrer jedes Geräusch hören konnte, gleich, wo er sich gerade aufhielt. War er mit einem Aufsatz nicht zufrieden, weil ihm das Geschriebene zu kurz oder zu schlecht formuliert war, oder hatte ein Schüler die Aufgabe völlig vergessen, kam wieder der Rohrstock ins Spiel.
Die Schülerinnen und Schüler dagegen, die ihre Aufgaben besonders sauber und fleißig erledigt hatten, durften an der großen Tafel vorne vorschreiben oder wurden gar als Hilfslehrer eingesetzt.

Zweiter Teil.

Die deutsche Schreib- und Druckschrift.

1. Abschnitt. Die Kleinbuchstaben.

Wiese im Herbste.

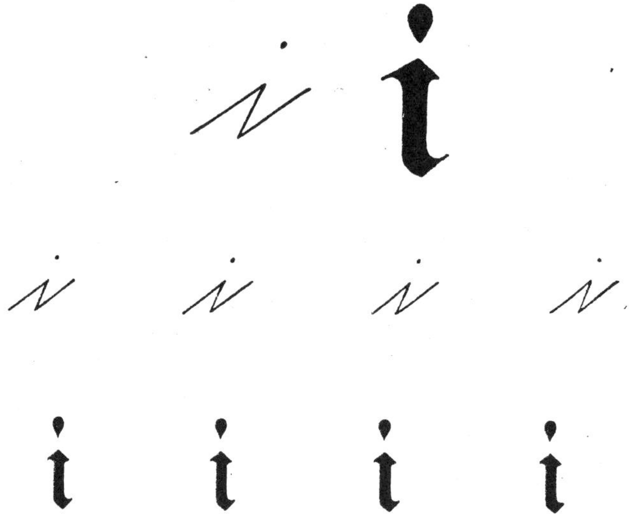

Auszug aus einer alten Fibel

Buchstabenrätsel. Nr. 16.

Der erste tönt im Vogelsang,
Nie hört man ihn beim Glockenklang,
Und in der Reede, nicht im Port
Sieht man das nächste Paar sofort.
In England stehen die letzten zwei;
Doch fehlen sie in der Türkei.
Es nennt in Deutschlands Lorbeerkranze
Ein immer grünes Blatt das Ganze.

Bilderrätsel. Nr. 17.

Verwandlungsaufgabe. Nr. 18.

Baron Haut Karte
Klaue Nero Spitz

Jedes der obigen sechs Wörter läßt sich durch Veränderung eines Buchstaben in ein andres Wort verwandeln. Wer die richtigen Wörter gefunden hat, kann sie so ordnen, daß die fortgelassenen und die neu aufgenommenen Buchstaben einen im letzten türkisch-griechischen Kriege viel genannten Namen ergeben.

Bilderrätsel. Nr. 19.

Die kleine Martha bereitete dem Schulmeister von Anfang an soviel Freude, daß er schon ab der dritten Klasse auf ihre Unterstützung für seinen Unterricht baute. So durfte sie ihren Kameraden auf deren Tafel die Worte vorschreiben, die sie in Schönschrift mehrfach nachziehen mußten.
Hatte der Lehrer droben in seiner Wohnung etwas zu erledigen, so wies er die Schüler an, sich mit einem Aufsatz oder einer Rechenaufgabe zu beschäftigen. Zur Aufsicht über ihre Folgsamkeit griff er alsbald regelmäßig auf Martha zurück. Sie mußte sich am Pult aufstellen und das Treiben der Mitschüler beobachten. Jedem Zuwiderhandeln gegen seine Anweisungen drohte er die schlimmsten Strafen an.
Obwohl es daher ein Leichtes schien, die Folgsamkeit der Schüler zu überwachen, war diese Aufgabe nicht einfach zu erfüllen. Die Abwesenheit des Lehrers nämlich setzte in einigen Kameraden Marthas ungeahnte Kräfte frei.
Kaum hatte der Schulmeister den Raum verlassen, begannen die größeren Jungen mit ihren Heften auf die Tische zu schlagen. Andere ließen unflätige Ausdrücke vom Stapel oder provozierten die Hilfskraft vorne mit boshaften Bemerkungen.
„Was stoht denn heut für a domme Goiß am Pult?"
Setzte sich Martha zur Wehr und drohte damit, das unverschämte Treiben dem Lehrer zu melden, sah sie sich einem neuen Angriff ausgesetzt.
„Du alte Petze, di erwische mir no!"
Und so sehr sie sich bemühte, den Anweisungen des Lehrers Folge zu leisten, sah sie sich doch oft einer Übermacht unbotmäßiger Mitschüler gegenüber. Was blieb ihr anderes übrig, als die unfolgsamen Lausbuben zu verraten, wenn der Lehrer zurückkehrte?
So sprach denn der Rohrstock wieder das letzte Wort, und Martha sah sich nach Schulschluß so mancher Drohung für ihren „Verrat" ausgesetzt. Zum Glück jedoch stand die

Mehrzahl der Schüler auf ihrer Seite, so daß sich keiner der Lausbuben traute, ihr etwas anzutun. Und nachmittags, nach einigen Stunden auf dem Feld, waren die Tatzen des Lehrers längst wieder vergessen.

Bei den Schülern am beliebtesten waren das Turnen draußen auf dem Hof und die gar nicht so seltenen Schulausflüge. Während die Jungen meist mit Ballspielen und Kletterübungen beschäftigt wurden, ließ der Lehrer die Mädchen auf dem Turnplatz vor der Schule zum Reigen antreten. Sie gaben sich gegenseitig die Hände und tanzten nach den Anweisungen des Schulmeisters nach der Melodie *Preisend mit viel schönen Reden.*

Preisend mit viel schönen Reden
ihrer Länder Wert und Zahl
saßen viele deutsche Fürsten
einst zu Worms im Kaisersaal.
Herrlich, sprach der Fürst von Sachsen,
ist mein Land und seine Macht.
Silber hegen seine Berge,
wohl in manchem tiefen Schacht.
Seht mein Land in üppger Fülle,
sprach der Kurfürst von dem Rhein.
Goldne Saaten in den Tälern,
auf den Bergen edlen Wein.
Große Städte, reiche Klöster,
Ludwig, Herr zu Bayern, sprach,
Schaffen, daß mein Land dem euren
wohl nicht steht an Schätzen nach.
Eberhard, der mit dem Barte,
Württembergs geliebter Herr,
sprach: Mein Land hat kleine Städte,
trägt nicht Berge silberschwer.
Doch ein Kleinod hält's verborgen,
daß in Wäldern noch so groß,
ich mein Haupt kann kühnlich legen
jedem Untertan in Schoß.
Und es rief der Herr von Sachsen,
der von Bayern, der vom Rhein:
Graf vom Bart! Ihr seid der reichste,
euer Land trägt Edelstein!

Besondere Freude bereiteten den Kindern natürlich die Ausflüge und die häufigen Naturerkundungen. Zu dritt marschierten sie nebeneinander durch das Dorf, begleitet vom Lehrer, der seinen Stock fest in der

Hand trug, um jeder Verfehlung der Jungen sofort vorzubeugen. Sie liefen im Gleichschritt, ein Lied auf den Lippen wie *Das Wandern ist des Müllers Lust* oder *Droben stehet die Kapelle*. Nicht weniger beliebt waren aber auch *Der Mai ist gekommen* oder *Im schönsten Wiesengrunde*. Fröhlich singend ging es in den Wald, und dort ließen sie sich vom Lehrer die verschiedensten Pflanzen zeigen und erklären.

Einen ganz großen Schulausflug unternahmen sie nur einmal im Jahr, meist kurz vor den Ferien. Da marschierten dann alle geschlossen in die nahe Stadt ins „Kino", um sich dort voller Begeisterung die ersten Lichtbilder anzuschauen, die von verwegenen Photographen erstellt worden waren.
Ein anderes Mal erklommen sie den über 800 m hohen Rechberg und schauten von seinem Gipfel weit in die Ferne. Abwärts konnte es den älteren Jungen nicht schnell genug gehen. Wie die Gemsen kletterten sie den Abhang hinunter und ließen alle anderen hinter sich.
Weil die kleine Martha, damals erst in der dritten Klasse, bei diesem Tempo nicht mithalten konnte, hatten die Mitschüler sie bald aus den Augen verloren. Nur noch ihr verzweifeltes Rufen war zu hören.
„Ja, wo isch die Kloi?" schrie der Lehrer.
Reumütig gestanden die Jungen, nicht auf sie geachtet zu haben, was einen gewaltigen Zornausbruch des Schulmeisters und seinen strengen Befehl, sofort wieder hochzuklettern und das Mädchen zu suchen, zur Folge hatte.
Mißmutig kamen die Jungen seinem Auftrag nach, nicht ohne die Gelegenheit zu nutzen, Martha beim Hinunterlaufen in Abwesenheit des Lehrers auf jede nur erdenkliche Weise zu schikanieren. Mal warfen sie ihr einen Stock vor die Füße, mal pratzelten die Tannenzapfen um sie herum zu Boden.
„Wenn d' aber em Schulmeister was verrätscht, no kannsch eipacke!"

Und so ließ die Kleine das Martyrium über sich ergehen und behielt die Missetaten ihrer älteren Mitschüler für sich.

In der Zeit des Ersten Krieges änderte sich der Schulalltag auf vielfältige Weise. Was die Kinder vorher alle paar Wochen einmal getan hatten, das wurde jetzt zeitweise zur alltäglichen Pflicht – nicht gerade zu ihrem Verdruß, ganz im Gegenteil! Mehr und mehr nämlich verließen sie zu dieser Zeit das Schulhaus und verrichteten unter Anleitung des Lehrers praktische Arbeiten, die den Erwachsenen zugutekamen.
Im Frühjahr sammelten sie Maikäfer, die ganze Bäume kahlfraßen und warfen sie in große Körbe, die sie zu zweit trugen. Maikäfer waren für die Hühner eine köstliche Speise, sie stürzten sich gierig auf den wuselnden Käferhaufen und fraßen sie so schnell auf, daß ihnen manchmal ganz schlecht wurde und sie jämmerlich gackernd herumtaumelten, weil sie sich überfressen hatten.
Im Sommer sammelten die Schüler mit ihrem Lehrer Eicheln und Bucheckern, packten sie in Säcke und brachten sie in die Stadt. Dort wurden sie zu Schweinefutter verarbeitet und in der Mühle zu Öl gepreßt, mit dem die Städter ihr Essen kochten. Fleißige Sammler wie die junge Martha erhielten oft ein besonderes Lob, weil sie so tüchtig am Werk waren.
Doch nicht nur Eicheln und Bucheckern wurden gesammelt, sondern auch Linden- und Taubnesselblüten, die Blätter wilder Erdbeeren, Brombeeren und Himbeeren sowie Spitzwegerich, Brennessel und Breitwegerich. In getrocknetem Zustand ergaben Blätter und Blüten einen kräftigen Tee für die Soldaten an der Front.
So krochen die Kinder voller Begeisterung auf dem feuchten Waldboden herum, stopften die Pflanzenteile in ihre Säcke und freuten sich über den abwechslungsreichen Schulunterricht. Entdeckten sie eine Linde, so pflückten die Mädchen

unten die Äste ab, während die Jungen unter dem Kommando des Lehrers die glatten Stämme hochstiegen und schadhafte Zweige absägten, um sie unten von ihren Blüten zu befreien.
Waren alle Säcke prall gefüllt, marschierten sie damit in die Schule zurück, schleppten sie die breite Treppe durchs Schulhaus hoch und breiteten ihre Schätze auf dem Speicher droben im obersten Stockwerk aus. Bald duftete das ganze Gebäude nach dem kräftigen Aroma. Hier konnten die Blätter und Blüten in Ruhe trocknen, um dann Wochen später den Soldaten als Tee zur Verfügung zu stehen.
Die kleine Martha freute sich sehr, beim Pflücken helfen zu dürfen, waren doch die jüngeren Schüler oft davon ausgenommen. Sie aber war ausdrücklich dabei.
„Mei Kloine darf heut au mit!" erklärte der Lehrer, der sie besonders in sein Herz geschlossen hatte. Und wenn es in den Sommerferien dann die Aufgabe jedes Schülers war, bis zum Wiederbeginn der Schule mindestens drei große Säcke voller Blätter der verschiedensten Pflanzen zu sammeln, um sie am ersten Schultag im Schulhaus abzuliefern, dann war Martha eine der eifrigsten Pflückerinnen.
Im Herbst und im Winter marschierten die Schüler oft in den Wald, um Holz für den Ofen der Schule zu sammeln. Die Buben zerschnitten mit Rebscheren die dornigen Äste des Gestrüpps und warfen sie in jeder Pause in den Ofen, damit es warm blieb und der Unterricht nicht gestört wurde. Eierkohlen dagegen wurden nur sehr sparsam verfeuert.

Eine Aufgabe des Lehrers war von keiner Jahreszeit abhängig und sie war so bedeutsam für alle Schüler, daß wir hier nicht versäumen sollten, sie zu erwähnen. Die Pflicht, bei den ihm anvertrauten Schützlingen nach Läusen zu suchen, war ihm nämlich das ganze Schuljahr über auferlegt.

Kopf für Kopf nahm er sich vor, durchwühlte die Haare und zerdrückte bei erfolgreichem Durchforsten des struppigen Dickichts die Eier der Läuse mit den Nagelspitzen, was ein knackendes Geräusch nach sich zog. Aufgrund seiner langjährigen Erfahrung hatte er die Rastplätze der Kopfbewohner schnell gefunden: Meist saßen sie vorne am Ansatz des Scheitels oder hinten im Genick.
Kopfläuse waren zu jener Zeit keine Seltenheit. Ihre „Besitzer" wurden deshalb auch nicht verachtet oder verlacht. Die befallenen Schüler berichteten lediglich mittags zuhause vom erfolgreichen Aufspüren des Lehrers und ließen sich von der Mutter den Kopf mit Öl einsalben. Damit war die Angelegenheit fürs erste erledigt.
Ein anderes wichtiges Thema für die Schüler waren die Hausaufgaben. Der Lehrer verordnete sie seinen Schützlingen nicht nur während der Schulzeit, sondern auch über die Ferien hinweg. So galt es von der vierten Klasse an, regelmäßig über die Ferien Aufsätze ins Heft zu verfassen. Drei Seiten hatten die Schüler insgesamt zu füllen, in der schönsten Schrift, die ihnen möglich war. Am ersten Tag nach den Ferien inspizierte der Lehrer dann die Hefte und ließ sich die geistigen Produkte seiner Mädchen und Jungen vorlesen.
Was gab es da nicht alles zu hören! Vom einfachsten literarischen „Rübenacker" bis zum prächtig gewachsenen, in voller Blüte stehenden „Kornfeld" waren da sämtliche Arten vorhanden.
Mit der Routine langjähriger Schulpraxis spürte der Lehrer auch fremde Urheber allzu wohlklingender Texte auf.
„Kloine, dei Aufsatz isch aber net von dir g'schriebe!" stellte er zum Beispiel eines Tages fest, als die kleine Martha gleich über zwei Seiten hinweg wohlgeformte Sätze präsentierte.
„Von wem stammt des?" fragte er streng.

Und das Mädchen kam nicht umhin, zu bekennen, daß die Tante Emilie aus Hamburg, die gerade zu Besuch in Strümpfelbach weilte, sich der Sache angenommen hatte. Der Lehrer nahm es ihr nicht weiter übel, verbat sich nur eine Wiederholung dieses Betrugs und sonnte sich in seinem Erfolg, unrechtes Tun wieder einmal aufgespürt zu haben. Die kleine Martha aber war sich ihrer Schuld so intensiv bewußt, daß sie sich selbst gelobte, in Zukunft alle Aufsätze selber zu schreiben, was sie bis ans Ende ihrer Schulzeit so hielt.

Das Schulhaus war das mächtigste Bauwerk im ganzen Dorf, so daß es neben den erwähnten Räumen auch noch die Wohnung des Lehrers und ein separates Zimmer für den Unterlehrer beherbergte. Im Keller fand sich neben der Waschküche genügend Platz für die zahlreichen Tiere des Lehrers, der an die dreißig Gänse, über zwanzig Enten und ebensoviele Hühner sein eigen nannte.

Das Ausmisten der Ställe besorgten die älteren Schüler während der Unterrichtszeit, und es war nicht etwa eine Strafe für sie, sondern eine besondere Auszeichnung, wenn sie dem Lehrer auf diese Weise behilflich sein durften. Oft genug weinte einer, wenn ihm der Schulmeister diese beliebte Tätigkeit einmal verwehrte.

Die Tiere des Lehrers hielten sich den ganzen Tag über frei auf dem Turnplatz vor der Schule auf. Kamen die Schüler zum Turnen oder Ballspielen heraus, watschelten die Gänse und Enten in den nahen Bach und erfrischten sich darin. Abends kehrten alle von selbst in ihre Verschläge im Keller zurück.

Der Lehrer war ein fleißiger Mann. Als einfacher Bauernsohn war ihm das Arbeiten in die Wiege gelegt worden, und so zeigte er keine Scheu, dort mitanzupacken, wo Not am Mann war. Er versorgte seine Tiere vorbildlich, schenkten sie ihm doch Eier, Fleisch und Federn. Auf diese Weise konnte er auch einiges

für die Aussteuer seiner fünf Töchter zurücklegen.
War die Ernte in vollem Gang, dünkte er sich auch nicht zu vornehm, bei vielen Familien im Dorf als tüchtiger Helfer einzuspringen. Oft schaffte er mehr als die Landwirte selber. Im Krieg, als viele Frauen ihren Hof allein bewirtschaften mußten, war der Lehrer immer zur Stelle, wenn den Frauen die Arbeit zu viel zu werden drohte. Ein vorbildlicherer Helfer als er konnte nirgends gefunden werden. Keine Frage, daß er auch all seinen Schülern die Liebe zu Feld und Garten ans Herz legte.
„Kender, eßt koi ausländisch's Obscht!" mahnte er immer wieder, wenn er ihnen die vielen Apfelbaumwiesen zeigte und auf das tägliche Brot ihrer Eltern hinwies. Seit dieser Zeit plagte die junge Martha das schlechte Gewissen, wenn sie eine der Orangen oder Bananen, die Tante Emilie alle Schaltjahr einmal ihren Paketen beilegte, mit Genuß verspeiste. Ausländisches Obst mache die Eltern arbeitslos, hatte ihr der Lehrer beigebracht, und jetzt aß sie trotzdem davon ... In einer dunklen Ekke schluckte Martha den Orangenschnitz und die Banane schnell hinunter. Obwohl sie herrlich gut waren, wollten sie ihr ihr ganzes Leben nicht mehr richtig schmecken ...

Die schönen alten Lieder

Unternahmen die Kinder Ausflüge, liebten sie es, gemeinsam zu singen. Die Lieder waren ihnen von frühester Kindheit an vertraut. Die Mutter und die Großmutter hatten sie ihnen vorgesungen, abends beim Einschlafen und morgens beim Aufwachen, und so kostete es den Lehrer gar nicht viel Mühe, die schönen Weisen mit seinen Schülerinnen und Schülern anzustimmen.
Sie sprangen dazu, tanzten, drehten sich und waren des Lebens froh. Kein Radio, kein Fernsehen störte ihre klaren Stimmen. Selbst später, als Erwachsene, hatten sie es gern,

№ 148. Was nützet mir ein schöner Garten.

3. |: Was nützet mir ein schönes Mädchen,
Wenn andre mit spazieren gehn :|
|: Und küssen mir die Schönheit ab, :|
Woran ich meine, woran ich meine,
Woran ich meine Freude hab'!

4. |: Ja dort auf jenem Rasenhügel,
Da baut man mir ein einsam' Haus! :|
|: Und wenn ich sie nicht lieben kann, :|
Dann kommen all' die schwarzen Brüder
Und legen mich ins kühle Grab.

№ 149. Auf 'm Wase graset d'Hase.

Lustig. Schwäbisches Volkslied.

3. Gang mer weg mit Sametschühla,
Gang mer weg mit Bändela!
Baura-Mädla sem-mer liaber
Als so Kaffeebembela.

4. Wo-n-i hau no kratzt und bissa,
Hot mi wella koina küssa;
Seit i nimme kratz und beiß,
Krieg i Küßla dutzedweis.

5. Kleine Kügela muß mer gießa,
Wenn mer Vögela schießa will;
Schöne Mädla muß mer lieba,
Wenn mer schöne Weiber will.

6. Wo-n-i hau' mei' Schätzle gnomma,
Hot mei' Muetter grausig tau'!
Hot mi bei de Aura genomma,
D'Stiega abe fliege lau'!

7. Sag du no zu meiner Schwieger,
Sui soll mi passiera lau',
I werd schau' mein Schatz versorga,
Sell werd sui en Dreck a'gau'!

8. Hinter meiner Schwiegermueter
Ihrem graußa Himmelsbett
Stoht a ganzer Sack voll Sechser,
Wenn i no die Sechser hätt!

№ 150. Auf de schwäb'sche Eisebahne.

Schwäbisches Volkslied.

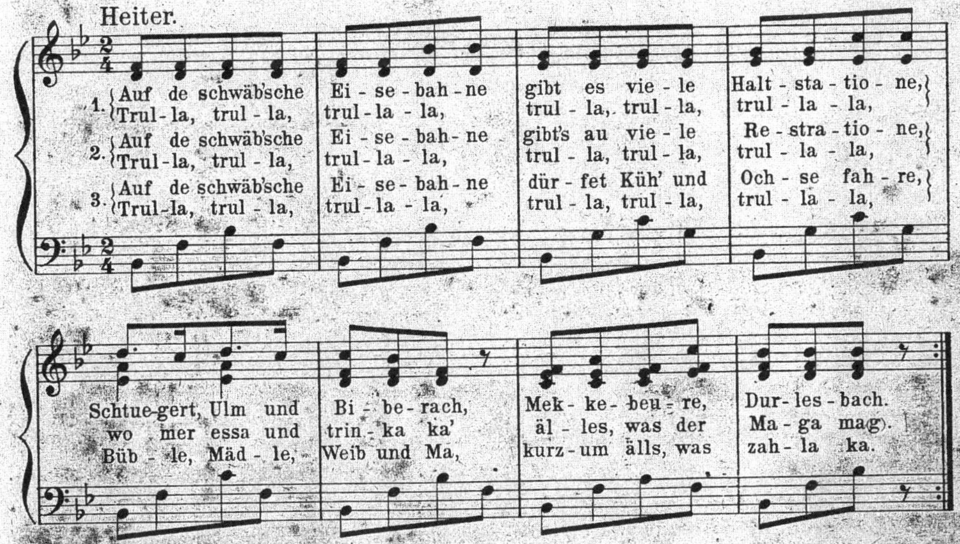

4. Wenn e Glöckle tut erklinge,
Tän glei älle z'samma springe,
Aelles, was e Karte hot,
Möcht jetzt mit dem Bahnzug fort.
Trulla etc.

5. Männer, die im G'sicht ganz bärtig
Schreiet laut: „Es ist jetzt fertig!"
Springet in die Wage nei,
Machet Löchle in d' Karte nei.
Trulla etc.

6. Auf de schwäb'sche Eisebahne
Wollt emol e Bäuerle fahre,
Goht an d' Kass' und lupft de Hut:
„E Bilettle, send so gut!"
Trulla etc.

7. Einen Bock hat er gekaufet,
Und daß der ihm net verlaufet,
Bindet ihn der gute Ma
Hinte an de Wage na.
Trulla etc.

8. „Böckle, tu no woidle springe,
Z'fresse wur i dir schau bringe."
Also schwätzt der gute Ma'
Zünd't sei Maserpfeifle a.'
Trulla etc.

9. Als der Zug no wieder staut,
Der Bauer noch sei'm Böckle schaut,
Findet er no Kopf und Soil
Hinte an dem Wagetoil.
Trulla etc.

10. 's packt den Baure e Baurezore,
Nimmt den Geißbock bei de Hore,
Schmeißt en, was er schmeiße ka,
Dem Kondukteur an d' Aura na.
Trulla etc.

11. Des isch 's Lied von sellem Baure,
Der de Geisbock hat verlaure,
Geisbock und sei traurigs End'
Himmel Schtuegert Sapperment.
Trulla etc.

12. So jetzt wär des Liedle g'sunge,
Hot's au reacht in d' Aure klunga,
Stoßet mit de Gläser a'
Aufs Wohl der schwäb'sche Eisebah'.
Trulla etc.

draußen auf dem Feld bei der Arbeit zu singen, sich die Mühe dadurch zu erleichtern. Und abends, wenn die Dämmerung hereinbrach und die Sonne ihre Kraft verlor, saßen viele Menschen auf der Bank vor dem Haus, erzählten, lachten und stimmten gemeinsam die Lieder an, die sie von Kindesbeinen an ihr ganzes Leben begleiteten.

Das Leben im Dorf

Der Lehrer war nicht die einzige Amtsperson im Dorf. Fast täglich meldete sich, unterstützt von kräftigem Geläute, mit lauter Stimme der Büttel zu Wort. Mit einer großen Schelle in der Hand, die alle Kinder faszinierte, lief er die Straßen entlang, läutete und verkündete die amtlichen Neuigkeiten. Mal war ein Holzverkauf im Wald auszurufen, mal das Angebot, Rindfleisch besonders preiswert in der Nachbarschaft zu erhalten. Sobald die Schelle erklang, hielten die Menschen in ihrer Arbeit inne und lauschten des Büttels Worten.

Der Büttel war der Laufbursche des Bürgermeisters, wurde für diese Tätigkeit aber so schlecht bezahlt, daß er sich nebenbei noch eine kleine Landwirtschaft halten mußte, um seine acht Kinder ernähren zu können. Für die zwei Kühe, die er in einem baufälligen Stall beherbergte, mähte er den Bahndamm und den

Wiesenrain am Rand der Straße ab, den ihm die Gemeinde großzügig überließ. Sein großer Durst, der ihn Zeit seines Lebens plagte, wurde von den Bauern des Dorfes mit gewaltigen Mengen selbsthergestellten Mosts gestillt. Dies hatte oft zur Folge, daß der spindeldürre Mann abends mit einem beachtlichen Rausch nach Hause zurückkehrte.
Eine Botschaft des Büttels, jedes Jahr im Spätsommer ausgerufen, erfreute die Kinder ganz besonders: Seine Ankündigung nämlich, daß der Schäfer für den Herbst und Winter wieder nach Weiden für seine Tiere suche. Wer daran interessiert war, ihn in dieser Zeit für einige Wochen aufzunehmen, mußte sich bei der Gemeindeleitung melden und eine Gebühr bezahlen. Immerhin lieferten die Schafe reichhaltigen Dünger und hielten die Wiesen auf diese Weise naturgemäß instand. So konnten die Bauern den Mist und die Gülle, die im eigenen Stall abfiel, für die übrigen Felder verwenden und wußten ihre Wiesen dennoch ausreichend mit Dung versorgt.
Kein Wunder also, daß der Schäfer überall im Dorf ein begehrter Gast war. Hatte er den Sommer mit seinen Tieren auf der Schwäbischen Alb verbracht, so trieb ihn die Kälte des nahenden Winters Jahr für Jahr ins Tal, wo die Wiesen auch in der kalten Jahreszeit Nahrung für seine Schafe gaben. So war es schon Tradition, daß er mitsamt seiner Herde und seinem treuen Schäferhund im Dorf einkehrte und über Weihnachten im Haus der kleinen Martha wohnte.
Tagsüber hielt er sich meist draußen bei seinen Tieren auf, des Abends aber kehrte er an den Familientisch zurück, wo die Mutter schon mit dem Abendessen wartete. Aus Dankbarkeit über die Pflege der Wiesen durch seine Schafe kochte sie zu dieser Zeit besonders reichhaltige Kost, nicht nur zur Freude des Schäfers, sondern auch der Kinder, die die seltenen Genüsse dankbar verspeisten.

Andere, weitaus weniger gern gesehene Gäste im Dorf waren die Zigeuner. Durch ihr unstetes Leben und ihr ständiges Umherziehen erweckten sie bei den Dorfbewohnern den Eindruck, faule und unehrliche Menschen zu sein. Doch gab es für diesen schlimmen Verdacht keinerlei Beweise.

Von Zeit zu Zeit erschienen sie im Dorf, stellten ihre Pferdegespanne unter der Eisenbahnbrücke ab, damit sie bei Regen nicht naß wurden, und zogen sich in die Holzhütte droben im Wald zurück.

„Die hent vielleicht liedrige Gäul, die sen ja halb am Verrecke!“ lautete der böse Kommentar der Bauern, wenn die Zigeuner mit ihren dünnen Pferden durch den Ort zogen. Kam man aber miteinander ins Geschäft, etwa Eßwaren gegen Kämme, Bürsten oder Körbe zu tauschen, so ging es laut her im Dorf. Dieses Feilschen und Handeln wurde von beiden Seiten mit großem Eifer betrieben, und es war ein Geschnatter von unzähligen Stimmen im Ort wie sonst nur beim Backen, wenn sich die Frauen beim Backhäusle trafen und die wichtigsten Neuigkeiten austauschten.

Brotbacken

Alle vierzehn Tage etwa wurde frisches Brot gebacken. Seit alter Zeit waren es immer dieselben Frauen, die den Ofen des Backhäusles von frühmorgens an zusammen heizten, um die richtigen Temperaturen vorzulegen und dann, eine nach der anderen, ihren Teig zur Entfaltung zu bringen.

Am Abend vorher schon kamen die Kinder mit Handwägen voller Reisig und dünnen Holzscheiten angefahren und lagerten ihr Brennmaterial im Häusle. Eine schmale Holztür führte ins Innere des kleinen Gebäudes, in dem eine Klappe aus Schmiedeeisen den etwa zwei Meter langen und einen Meter breiten Schlund des Ofens versperrte.

Am nächsten Morgen eilten dann in aller Frühe die beiden Frauen der er-

sten Runde zum Ofen, füllten ihn mit Reisig und entfachten das Feuer. Danach kehrten sie in ihren Hof zurück, versorgten ihre Familie mit Essen und Malzkaffee und räumten die Küche auf.
Eine Stunde lang etwa mußten die Flammen brennen, bis sie die Ofenfüllung in feinste Asche verwandelt hatten. Dann war es Zeit, mit dem Teig, den jede Bäuerin am Abend vorher bereits zubereitet hatte, zum Backhäusle zu fahren.
Mit ihrem *Hudelwisch*, einem Besen aus Stroh, säuberten sie jetzt den Ofen: Asche und nicht vollständig verbrannte Holzteile wurden weggeräumt und der Boden fast blank poliert, gehörte es doch zur Ehre jeder Hausfrau, nur Brotlaibe nach Hause zu bringen, die frei von Aschestaub waren.
War der Ofen schließlich sauber, wurde der Teig mit dem *Schieber*, einem langen Holzstück, an dessen Ende sich eine flache Platte zum Aufnehmen des Teigs befand, ins Innere geschoben. Im Normalfall teilten sich zwei Frauen den gesamten Ofen, so daß jede etwa so viel Platz fand, um zehn bis zwölf Brote größeren Umfangs zum Backen bereitzulegen. Um Verwechslungen über den Eigentümer des jeweiligen Laibes auszuschließen, war man übereingekommen, den Teig der einen Partie zu kennzeichnen, indem man bereits im Rohzustand ein kleines Holzstück, kleiner als ein Streichholz, genau in die Mitte des künftigen Brotlaibs steckte. Wie der Mast einer Flagge ragte dieses aus dem Teig auf. Die andere Partie verzichtete auf eine Kennzeichnung, so daß das fertiggebackene Brot dann, wenn es später aus der Backröhre herausgenommen wurde, eindeutig seiner Besitzerin zuzuordnen war: Mit oder ohne Holz – das war das entscheidende Merkmal.
Im großen und ganzen war man bisher ohne Dispute über die Verteilung des Backwerks ausgekommen, fanden sich doch immer nur solche Parteien zusammen, die sich ohnehin vertrugen. Nur einmal, die klei-

ne Martha war zu jener Zeit gerade in die erste Schulklasse gekommen, gerieten sich zwei Frauen des Dorfes dermaßen in die Haare, daß ihr Geschrei sogar die schrille Stimme des Büttels übertraf, der im selben Moment einen Fleischverkauf ausrief.
„Was isch denn mit euch los?" fragte der dürre Amtsbote überrascht.
„Des isch mei Laib!" schallte es zurück und: „Noi, des isch meiner!"
Die beiden Frauen, einander ohnehin nicht gerade grün, hatten vergessen, ihre Brote zu kennzeichnen.
„Und wieso waret ihr so dumm?" fragte der Büttel.
„Ha, mir backet heut zum erste Mal z'samme, weil die Marie krank isch und normalerweise benutzet mir alle zwoi koine Hölzer, deshalb hent mir's heut au vergesse!"
„Ihr seid doch zwoi daube Menscher!" kommentierte der Büttel und überließ es dem Lehrer, den Streit der beiden Frauen salomonisch zu schlichten. Der, Amtsperson ohne Widerspruchserlaubnis, ließ sich alle fertigen Brotlaibe vorführen, verteilte sie gleichmäßig an die beiden Streithennen und ließ zwei Brote übrig.
„Und was isch mit dene zwoi?" fragten zwei zaghafte Stimmen.
„Die krieget mir für onser freundliche Hilf'!" erklärte der Lehrer, überreichte dem Büttel den einen Laib und behielt selbst den anderen, „damit's euch a Lehre isch, daß sich 's Streite net lohnt!"
Und voll salomonischer Weisheit schritt er von dannen.
Jetzt aber war es höchste Zeit für die Frauen, sich vom Ort ihrer Auseinandersetzung zu entfernen, warteten doch schon die nächsten zwei darauf, die Wärme des Ofens für den eigenen Teig zu nutzen. Je schneller der Ofen nämlich leergeräumt war, desto wärmer blieb sein Innenraum. So war es mehreren Frauen möglich, ihre Brote zu backen, ohne vorher erst noch einmal Feuer zu machen.
Nach und nach wurden an diesem Tag somit alle Familien des Dorfes mit frischem Brot versorgt, und alle

paar Stunden sah man die erfolgreichen Bäckerinnen mit knusprigbraunen Brotlaiben auf ihrem Holzwagen stolz nach Hause fahren. Durch die Dorfstraße strich in diesen Stunden der würzige Duft des Backwerks und veranlaßte die Kinder, bei der Mutter vorbeizuschauen und sich die knusprigen Krusten als erstes Versucherle zu erbetteln. Schmatzend zogen sie alsbald wieder von dannen.

Zwiebelkuchen

Für einen großen runden Kuchen benötigt man:
– Kuchenboden:
300–400 g Weißmehl, 1 Würfel Hefe, 1 Prise Salz, 60–80 g Butter oder Margarine, 1 gute Tasse voll Milch.
Daraus bereitet man den Teig zu.
Während der Teig aufgeht, wird der Belag zubereitet.
– Belag:
6–8 Zwiebeln feinschneiden, diese in Butter oder Margarine dämpfen. Dann 1 Becher Sauerrahm, 2 knappe Eßlöffel Mehl, 2–3 Eier zusammen verrühren und anschließend die gedämpften Zwiebeln zugeben, sowie nach Geschmack 1 Prise Salz zufügen. Danach wird diese Masse auf den Teig gegossen und verstrichen.
Anschließend Rauchfleischscheiben (durchwachsenen Speck) drauflegen oder statt dessen Kümmel drüberstreuen. Dann verteilt an verschiedenen Stellen kleine Butterstücke auf die Masse draufgeben.
Jetzt kann der Kuchen in den Ofen gegeben werden (im Backhäusle braucht er ca. 20 Minuten)!

Schwarzbrot

Zutaten für ca. drei Laib Brot (im Backhäusle werden ca. 15 Pfund Mehl für ca. 8–10 Laibe verwendet): 5 Pfund Mehl, 1 Pfund Roggenmehl, 60 g Sauerteig, 10–15 g Hefe, ca. 1½ Liter Wasser, 5–10 g Salz.

Die Hefe wird mit ⅛ Liter lauwarmem Wasser in einer kleinen Schüssel glatt gerührt und so viel von dem Mehl zugegeben, daß man einen dünnen Teig erhält, den man über Nacht gehen läßt. Hat man keinen Sauerteig, nimmt man 40–50 g Hefe zum Vorteig.

Am nächsten Tag in der Frühe gibt man zu dem erwärmten Mehl Salz, lauwarmes Wasser, den Vorteig (= Sauerteig) und nach Belieben 1–2 Eßlöffel Kümmel und 1–2 Handvoll gekochte, geriebene Kartoffeln vom Vortag und walkt den ziemlich festen Teig so lange, bis er sich von der Schüssel löst und Blasen zeigt. Jetzt bestäubt man den Teig mit Mehl und läßt ihn an einem nicht allzu warmen, zugfreien Ort ungefähr 3 Stunden gehen.

Danach werden 2 bis 3 runde Laibe geformt (wenn man sie in Formen legen will, die Formen unbedingt mit Fett bestreichen) anschließend läßt man sie nochmals 20–30 Minuten gehen. Danach werden sie im heißen Ofen (bei 200–250 Grad) etwa 1 Stunde gebacken. Wenn die Brotlaibe aus dem Ofen herauskommen, werden sie mit einem Brotpinsel mit Wasser bestrichen.

Für das nächste Backen kann man ein Stück Teig zur Sauerteiggewinnung zurückbehalten und in einer Schüssel mit Salz bestreut zugedeckt an einem kühlen Ort aufbewahren.

Der Bauer beim Pflügen

Reisig zum Anfeuern (unten links)

Die Plätzle werden in den heißen Ofen geschoben

Das Backhäusle (S. 69 oben)

Fleißige Brotbäckerinnen und ihre Arbeitsgeräte

Äpfel werden zum Mosten gesammelt und (auf den folgenden Seiten zu sehen) in der Mostpresse verarbeitet. Nur festes Zupacken läßt den Most aus der Presse fließen (S. 75 oben)

Atelier Ria

Mosten

Noch viel aufregender aber ging's im Dorf zu, wenn im Herbst an allen Ecken und Enden der Ortschaft die Mostpressen in Betrieb genommen wurden und der frische Saft der Äpfel und Birnen in die Fässer und durstigen Kehlen floß. Viele Bauern besaßen eine eigene Presse, mit der sie dem Obst die Flüssigkeit entlockten, doch auch wer nicht über dieses wichtige Gerät verfügte, brauchte nicht zu darben. Man lieh sich die Mostpresse nämlich gegenseitig aus oder war sich beim Mosten behilflich. Mitte September etwa begann die Arbeit. Hunderte von Bäumen warteten darauf, von der Last ihrer Früchte befreit zu werden. In diesen Tagen waren alle Mitglieder der Familie in der Apfelernte voll eingespannt. Der Vater richtete den großen Ladewagen her und spannte den Gaul davor. Bepackt mit Körben, Kisten und langen Stangen nahmen alle Platz und fuhren hinaus „in die Äpfel". Draußen angelangt wurde jedem seine Aufgabe zugeteilt:
Mit den langen Stangen die Äste der Bäume schütteln, damit möglichst viele Früchte auf den Boden fallen. Dann die Äpfel zusammenlesen und in die Körbe und Kisten packen, die schließlich vom Vater zum Wagen gebracht und dort ausgeschüttet wurden. Erst wenn der Ladewagen voll war bis an den Rand, konnte dem mühsamen Schütteln, Bücken und Schleppen Einhalt geboten werden – wenigstens für diesen Tag. Müssen wir eigens betonen, wie die Rücken in dieser Zeit schmerzten? Man redete nicht darüber, war es schon gewohnt, schaffte, mühte sich ab und freute sich, wenn das Tagessoll erreicht war.

Abends fuhren die Bauern mit ihren brechend vollen Wagen zum Bahnhof. Ein ganzer Güterzug wollte gefüllt werden, Abend für Abend, von Mitte September bis Ende Oktober, und so zogen die Pferdefuhrwerke von allen Nachbardörfern her kommend zur Bahn und präsentierten

Ein Beispiel sinnloser Zerstörung unserer Umwelt
S. 80 Bild oben: April 1988; Bild unten: 2 Monate später

dort ihre wohlduftende Pracht. Das angelieferte Gut wurde auf sein Gewicht geschätzt und dann in die Güterwagen umgeladen. Großes Glück hatten die, welche, wie Marthas Eltern, nahe an der Bahn wohnten, blieben ihnen dann wenigstens die Strapazen der langwierigen Anfahrt über holprige Wege und Gassen erspart. Von der ersten Nachmittagsstunde an, wenn der Zug schaubend im Ort eintraf, bis in die frühe Nacht hinein hatten die Männer viel Arbeit zu leisten, bis alle fünfzig Güterwagen endlich gefüllt waren. Dann, die Dunkelheit war längst aufgezogen, die Sterne strahlten am Firmament, ließ die Lokomotive ihr lautes Pfeifen hören und nahm den langen Zug mit mächtigen Dampfstößen mit auf den weiten Weg.
„Wo fahret denn die die viele Äpfel na?“ wollten die Kinder voller Neugierde wissen.
Die Erwachsenen wußten Bescheid. „Nach Oberschlesien in die Fabriken“, antworteten sie ihnen, „weil die Leut dort koi Obst hent, aber viel Marmelade, wie die zum Gsälz saget, für ihre Bergleut brauchet, damit die die Kohle dort ausgrabe könnet.“
Und während der Zug am nächsten Abend noch unterwegs war auf seiner über 1000 Kilometer langen Fahrt, wurde der nächste Güterwagenwurm am Bahnhof schon wieder mit unzähligen Äpfeln gefüllt. Das war der wichtigste Broterwerb im Spätjahr, und die Bauern und ihre Familien dankten Gott Jahr für Jahr aufs Neue, wenn er ihnen das Obst reichlich hatte wachsen lassen. Wehe aber, dem war nicht so! Wenn die Käfer etwa, die Läuse oder später Frost im Frühling die Knospen zerstörten und die Früchte erst gar nicht in reicher Fülle wachsen ließen! Dann mußten die Kinder wie die Erwachsenen in diesem Jahr auf alles Überflüssige verzichten und mit den allereinfachsten Dingen zufrieden sein. Und nicht ein einziger war froh, daß die schwere Arbeit des Äpfelauflesens dann nicht geleistet werden mußte.

Fiel die Ernte aber reichlich aus, und der Wagen konnte Abend für Abend gefüllt und zum Bahnhof gebracht werden, dann fand man auch noch die Zeit, an die eigene Kehle und die langen dunklen Winterabende zu denken, die beim gemütlichen Beisammensein von einer Kanne Most „versüßt" wurden.
Und so marschierte die ganze Familie, mit schmerzendem Rücken und müden Knochen, aber erwartungsvollem Herzen abends erneut in die Bäume, sammelte noch einen halben Wagen voller Äpfel und lagerte sie zuhause im Hof. Und am nächsten Abend, wieder nach vollbrachter Arbeit, holten sie den Fruchthobel und die Mostpresse aus dem Stall und machten sich ans Werk. Die Kinder sammelten die Äpfel in Körbe und schütteten sie in den Fruchthobel, ein trichterförmiges Gerät, mit einem Bottich darunter. Der Vater stand daneben und drehte schwitzend und nach Luft ringend an der Kurbel, die mehrere scharfe Messer in dem Trichter bewegte. Von den scharfen Klingen zerkleinert, fielen die Apfelbrocken in den Bottich, der von Zeit zu Zeit von der Mutter zur Seite gezerrt und durch einen anderen ersetzt wurde. Sie drückte die halbgefüllte Wanne hoch und leerte ihren Inhalt in ein breites, nach oben offenes Faß, die Mostpresse. Das Faß ruhte in etwa dreißig Zentimetern Höhe auf einem stabilen Boden, aus dem ein dünnes Bleirohr ragte und die aufgenommene Flüssigkeit in eine große Wanne entleerte. Je mehr Apfelteile dem Faß beigegeben wurden, desto stärker wurde der Strahl, der in die Wanne schoß.
Das war der Zeitpunkt, an dem die Kinder zum ersten Mal von der köstlichen Flüssigkeit naschen durften. Voller Erwartung hielten sie ein Glas unter das Bleirohr, füllten es und schluckten begierig von der trüben Brühe. Man sah es ihren freudestrahlenden Gesichtern an, wie gut ihnen der frische Most schmeckte.
Jeder nahm einen Mund voll,

schluckte langsam, sehr langsam, den Geschmack auch voll zu kosten und dann ließen sie es die durstige Kehle hinunterrinnen.
„Mhm, prima! Der isch guat!"
Die Augen leuchteten, die Zunge fuhr über die Lippen, um auch noch den letzten Tropfen zu erhaschen.
„Saumäßig guat!"
Es schmeckte süß, sehr süß, weil es noch nicht verdünnt war.
„Mir müsset no Wasser dazudo!" erklärte die Mutter, „net daß euch schlecht wird!"
So schnappten sich die Kinder die Eimer, marschierten mit ihnen zum Brunnen und füllten sie mit frischem Wasser. War die Mostpresse bis oben angefüllt mit den Apfelbrocken, leerte die Mutter das Wasser darüber und griff nach den schweren Holzstücken, die dem Mostfaß von oben aufgestülpt wurden. Sie deckte damit die im Faß liegenden, zerhackten Früchte zu und winkte dann den Vater her. Der begann das schwere Eisen, das sich an dem Gewinde über dem Faß befand, nach unten zu drehen. Blitzartig verwandelte sich das Rinnsal aus dem Bleirohr in ein gewaltiges Fließen.
„Jetzt müsse mer presse!" ordnete der Vater an.
Er hob die schwere Eisenstange vom Boden auf, steckte sie in das hierfür vorgesehene Loch im Gewinde und begann zu drücken. Die Stange war etwa einen und einen halben Meter lang und diente dazu, das schwere Eisen immer tiefer nach unten zu drücken, indem das Gewinde durch Hebeldruck ständig weiter um seine eigene Achse befördert wurde. Auf diese Weise wurde die Fruchtmasse im Faß der Presse immer stärker zusammengequetscht. Der Saft der Äpfel, vermischt mit dem zugeschütteten Wasser, schoß in großem Strahl aus dem Rohr.
„Bringt einen neuen Zuber!"
Martha und ihre Brüder eilten, ein neues Gefäß zu holen.
Der Vater trat wieder an die Stange, drückte sie von sich weg, bis das

Gewinde einrastete, dann wieder zu sich her. Erneut von sich weg, wieder zu sich her, unzählige Male, bis ihm der Schweiß von der Stirn lief. Eimer auf Eimer wurde mit dem köstlichen Saft gefüllt, dann in den Keller getragen und in das Mostfaß geschüttet, in dem er gären sollte. Alle paar Minuten naschte eines der Kinder von dem süßen Trank, beurteilte den Frucht- und Zuckergehalt und genoß die seltene Köstlichkeit. Waren die Äpfel zu sauer, dem Most genügend Zucker zu geben, so füllte man Birnen oder gar Trauben, die in geringer Anzahl an der Scheune wuchsen, zu und verfeinerte damit den Geschmack.

Eine Stunde etwa währte das Pressen, mit vielen Pausen dazwischen, damit sich die Fruchtteile im Faß besser absetzen konnten. Über Nacht blieb der Dröschder, die zerdrückte Frucht in der Presse, um sie bis zum Morgen vollends austropfen zu lassen. Früh am Morgen wurde sie dann zum letzten Mal gepreßt, anschließend das Gewinde wieder hochgedrückt und das Faß geöffnet. Die feste Masse des Dröschders wurde auf einem Tuch abgelagert und mit einem Karren in den Stall gefahren, weil die Schweine ganz wild auf dieses seltene Futter waren. Wenn die Mostpresse und der Fruchtzerkleinerer dann geputzt waren, erledigte der Most den Rest ganz alleine: Zum Gären brauchte er die Hilfe der Menschen nicht mehr.

Natürlich blieben die Bauern nach ihrem erfolgreichen Mosten nicht lange unter sich, wollte doch die gesamte Nachbarschaft von dem flüssigen Schatz kosten, um ihn auf seinen Geschmack zu testen. Und so entstanden auch keine Probleme, die Übermengen an gepreßtem Most aufzubewahren, sorgten doch die vielen durstigen Kehlen schon am ersten Abend dafür, die Flüssigkeit auf ein verwertbares Maß zu reduzieren. Bis der Most aber „bizzelte" und alkoholische Bestandteile bekam, dauerte es noch ein paar Tage, und dann war er nur noch für die

Erwachsenen zugänglich – es sei denn, die Kinder schlichen sich in den Keller und naschten in einer stillen Stunde heimlich von dem anregenden, jetzt aber gar nicht mehr süßen Getränk.
Das kam aber nur selten vor, schmeckte der vergorene Most doch so säuerlich, daß er für kindliche Kehlen nicht mehr allzu verlockend war. Vielmehr ließ sein herber, leicht alkoholisierter Geschmack in den Buben ganz andere Gedanken wach werden.
„Woisch du no, wie die Säu grunzt hent, wie die bsoffe waret?" wird Martha heute von ihrer Freundin oft gefragt.
Und sie kann sich noch erinnern, sehr gut sogar, weil es damals viel Aufsehen erregt und sogar den Tierarzt mit ins Spiel gebracht hat. Da hatten sich doch die frechen Buben des Dorfes tatsächlich den Scherz erlaubt, im Keller des Nachbarn einen ganzen Eimer voll gegorenen Mostes zu stehlen, sich mit ihm in den Schweinestall zu schleichen und das dort bereit liegende Futter der Tiere im Most aufzuweichen.
War das ein Grunzen und Johlen unter den Schweinen, als sich die Auswirkungen des alkoholisierten Mahles bemerkbar machten!
Bauer und Bäuerin rannten voller Schrecken in den Stall, gefolgt von Großvater und Großmutter, betrachteten kopfschüttelnd und ahnungslos die laut grunzenden und auf tapsigen Beinen dahinwackelnden Tiere und wunderten sich über den seltsamen säuerlichen Geruch im Stall. Als das aufgeregte Gegrunze und Gejapse der Schweine kein Ende nehmen wollte, schickte man gar nach dem Tierarzt, der an diesem Abend im Dorf weilte.
Bis der Doktor endlich kam, hatte sich schon die halbe Einwohnerschaft vor den tobenden Säuen versammelt, besorgt darüber, ob die Tiere etwa von einer ansteckenden Seuche befallen waren, die die eigenen Schweine ebenfalls bedrohen konnte.
Dann kam der Tierarzt, sog, als er in

den Stall trat, mit verwundertem Blick die Luft ein, untersuchte die Tiere nur kurz und wandte sich dann mit todernster Miene an den Besitzer des Hofes.

„Gebet ihr eure Säu emmer Most zum Fresse, damit die besser musiziere könnet?“ fragte er.

Die Versammlung löste sich lachend auf, und der besorgte Landwirt bekam noch allerhand Spott zu hören. Die Nachbarn aber forderten ihr Recht.

„Also, wenn du scho deine Säu Most gibsch, no wirsch du für ons doch au oin han!“

Und damit sie endlich Ruhe gaben, opferte der geplagte Mann einen guten Teil seines köstlichen Getränks beim gemeinsamen Umtrunk. Das war aber auch wirklich der einzige Tag, an dem die Tiere betrunken waren. Sonst gaben sie sich mit einfachem Wasser zufrieden.

Tiere auf dem Hof

Die meisten Bauernhöfe boten in jenen Jahren einer ganzen Reihe von Tieren Platz: Schweinen, Kühen, Pferden, Ziegen, Schafen, Hühnern, Gänsen und Enten. So wuchs auch die kleine Martha inmitten einer lebhaften Schar von Tieren auf. Sie spielte mit ihnen wie mit den Mitgliedern einer großen Familie, brachte ihnen Küchenabfälle zum Fressen, streichelte und liebkoste sie. Jedes Tier hatte seinen eigenen Namen, z. B. Emma, das Mutterschwein, das regelmäßig acht bis zehn Junge zur Welt brachte und säugte, oder Emil, das alte Pferd, das seit Jahren den schweren Bauernwagen den Berg hinaufzog.

Die Tiere gewöhnten sich mit der Zeit an das in ihrer Umgebung heranwachsende Menschenkind und behandelten Martha bald wie die übrigen Mitglieder der Familie: Sie zeigten ihre Zuneigung, wenn sie

sich ihnen näherte, ließen sich von ihr streicheln und hörten auf sie, wenn sie sie rief.
So war es bald zur Aufgabe des Mädchens geworden, am Abend zum Waldrand zu laufen und die Enten zusammenzutreiben, die sich dort am Bach aufhielten. Kaum hatten die Tiere, etwa fünfzehn an der Zahl, Marthas Stimme vernommen, setzten sie sich schon in Bewegung und watschelten ohne weitere Aufforderung nach Hause in den heimatlichen Bauernhof. Dort angelangt, quakten sie laut vor Freude, wieder daheim zu sein und begaben sich in ihren Verschlag neben dem Stall, wo Martha sie mit Essensresten vom Mittag verwöhnte.
Ja, auch sie liebten schwäbische Spätzle, Schupfnudeln oder Kartoffeln. Das war ein Schmatzen und Schlucken, daß die kleine Martha ebenfalls Hunger bekam. Bevor sie sich jedoch selbst etwas gönnen konnte, mußte sie noch die Hühner und Gänse versorgen. Die marschierten tagsüber, nach Nahrung suchend umher, die Hühner im eingezäunten Hof, die Gänse im Gänsegarten. Mal naschten sie vom Kraut, mal von einer anderen Pflanze, mal wühlten sie im Boden nach Würmern und Schnecken. War das ein Fest, wenn die kleine Martha im Spätsommer hinzukam, die Zwetschgenbäume schüttelte, daß die Früchte haufenweise herabflogen und die Gänse auf diese Weise zu einer wahren Zwetschgenorgie verleitete! Manch eine Frucht erreichte nicht den Boden, hatte doch irgendeine gierige Gans sie noch im Fliegen aufgeschnappt. Genüßlich schmatzend stierte das Federvieh dann nach oben, den nächsten Lekkerbissen erwartend.
Die Hühner trieben es nicht anders, nur zogen sie es im Gegensatz zu den Gänsen vor, sich auf Käfer und andere Kleinlebewesen zu stürzen. Schüttelten die Kinder ihnen solcherlei Gaumenfreuden von den Bäumen und Sträuchern, steigerten sie sich in eine wahre Freßwut, die kein Ende nehmen wollte.

Drei Hähne kümmerten sich um etwa dreißig Hennen, die Gänse, ebenfalls dreißig an der Zahl, wurden nur von einem einzigen männlichen Wesen betreut. Abends verschwanden alle von selbst in ihren Ställen, wo Martha sie mit den letzten Steicheleinheiten des Tages verwöhnte und die Türen verriegelte, um sie vor Marder und Fuchs zu schützen.

Im Sommer wurden die Gänse alle sechs bis acht Wochen gerupft, dienten ihre Federn doch als hochwertiges Material, um die Kissen der Familie und für die Aussteuer Marthas zu füllen.

Die Mutter setzte sich im Hof auf einen Hocker, klemmte den Kopf des jeweiligen Federviehs nach unten zwischen ihre Beine und zog dem Tier die Federn aus seinem dichten Kleid unterhalb des Bauchs. Die meisten Tiere ließen sich die Behandlung ohne Gegenwehr gefallen, einige wenige aber, vor allem der Gansker, zischten laut und bissen der Mutter in die Waden. Nur selten bereitete den Gänsen das Rupfen Beschwerden, lösten sich die Federn doch spielend leicht aus ihrem Kleid.

Anschließend wurden die wertvollen Schätze in einen Sack gefüllt, den der Vater im Hof an einem Balken im offenen Holzschuppen befestigte, damit der Inhalt in der frischen Luft, niemals jedoch in der prallen Sonne, trocknen konnte. Je nach Gebrauch stopfte die Mutter dann später die Federn in ein Kissen-Inlett.

Je mehr Mädchen ein Landwirt hatte, desto mehr Federn für die Aussteuer benötigte er. Je Tochter rechnete man mit Material für ein Unterbett, ein großes Deckbett und zwei Kopfkissen, hatten die Betten damals doch keine Matratzen auf dem mit Seegras überzogenen Rost, sondern Unterbetten aus Federn. Diese Verpflichtung bereitete Marthas Vater jedoch kein Kopfzerbrechen, standen der Familie angesichts der großen Anzahl Gänse doch

reichlich Federn für die einzige Tochter zur Verfügung.
Das weitgehend anspruchslose Federvieh brachte noch anderen Nutzen. Zur Weihnachtszeit lieferten die Tiere einen begehrten Festtagsbraten, der es den Eltern ermöglichte, manches Geschenk für die Kinder zu erlösen.
So sehr sich die kleine Martha anfangs auch gegen das Töten der jungen, ihr ans Herz gewachsenen Gänse wehrte, mußte sie doch bald erkennen, daß das tägliche Brot im Elternhaus ohne den Tod des Viehs nicht bereitzustellen war. Das Schlachten der Tiere, auch wenn sie noch so vertraut geworden waren, gehörte genauso zur Landwirtschaft wie das gemeinsame Leben in Stall und Haus. So gewöhnte sie sich daran, daß zweimal im Jahr der Hausmetzger auf seiner Tour durchs Dorf auch bei ihnen Einzug hielt und durch seine Hand im Frühjahr wie im Spätherbst jeweils ein Schwein sein Leben lassen mußte.

Schlachtfest

Es war so Brauch, daß man dem erfahrenen, im Dorf allseits anerkannten Hausmetzger das Schlachten überließ und ihm nur helfend zur Seite stand, um das Fleisch und die Wurst zu versorgen. Der Hausmetzger arbeitete fast das ganze Jahr über bei den Bauern der Nachbarschaft, betrieb nur nebenbei eine eigene bescheidene Landwirtschaft oder half den Metzgern in der Stadt.
Wenn er am Schlachttag frühmorgens auf dem Hof erschien, mußte das Wasser draußen im Kessel bereits kochen, denn er war rasches Arbeiten und pünktlichen Beginn gewohnt. Der Vater holte das Schwein aus dem Stall und übergab es dem Metzger, der es mit seinem Beil durch einen kräftigen Schlag auf die Stirn betäubte. Dann kniete er auf dem schon halb bewußtlosen, doch immer noch strampelnden Tier nieder und stach ihm mit seinem großen Messer in die Halsschlagader, um das Blut sorgsam in

die vom Vater bereitgehaltene Schüssel ablaufen zu lassen.
Jetzt begann die wichtige Arbeit der Mutter. Sie mußte das Blut, das ihr der Vater nach und nach in einen Eimer schüttete, mit ihrem großen Rührlöffel in Bewegung halten, so daß es nicht gerinnen oder Klumpen bilden konnte. Etwa dreißig Minuten war sie damit beschäftigt und im Verlauf der Jahre hatte sie sich einen bestimmten Rhythmus angewöhnt, der ihr die richtige Verarbeitung des Blutes garantierte: Zweimal den Rührlöffel nach rechts drehen, zweimal nach links, dann denselben Vorgang wiederholen, sehr schnell und mit Kraft.
Die beiden Männer zogen das Schwein derweil in die *Brühmulde*, eine eigens zum Schlachten angeschaffte Wanne aus Holz, und übergossen den Körper mit kochendem Wasser. In der Brühmulde waren zwei Eisenketten angebracht, die unter dem Tier hin und hergezogen wurden, um seine Haut von Haaren und Borsten zu befreien. Das war körperlich sehr anstrengend und überaus mühsam.
Danach mußten sie die Wanne umkippen, damit das Wasser herauslaufen konnte und das Schwein anschließend auf die *Schrage* heben, einen Holztisch mit einer Vertiefung, der nur zum Schlachten verwendet wurde. Hier putzte man den Körper vollends, schabte ihn mit einem speziellen Messer und säuberte ihn gründlich. Nachdem der Metzger dann auf der Schrage mit seinem Beil den Kopf abgehackt hatte, wurde die schwere Fleischmasse hochgehoben und an den Hinterfüßen an einem Balken befestigt. Dann trennte er den Körper in zwei Teile und entfernte die Eingeweide. Dieser Arbeitsgang war der Beginn eines erfreulicheren Abschnitts: Leber, Niere, Herz und Lunge wurden zusammen mit anderen Fleischstücken in frischem Wasser im Kessel gekocht, um danach von der Schlachtgemeinschaft verzehrt zu werden. Salz, Knoblauch und Pfeffer durften nicht fehlen, um dem *Kesselfleisch*

seinen herrlich würzigen Geschmack zu geben. Auf diesen Zeitpunkt hatten sich viele längst gefreut, bescherte er ihnen wenigstens eine kleine Ruhepause und eine angenehme Stärkung.
Die Arbeit des Metzgers war damit aber noch lange nicht erledigt. Nach der kräftigen Mahlzeit wendete er sich der Wurstherstellung und der Fleischverarbeitung zu. Er putzte die Därme des geschlachteten Tieres, ließ Wasser durch sie hindurchlaufen, um ihren Zustand zu testen und schnitt sie zurecht. Danach richtete er seine Hackmaschine her, zerkleinerte in ihr das gekochte Fleisch, die Leber und die anderen Eingeweide und würzte das Ganze in einer großen Schüssel mit Pfeffer, Salz, Zwiebeln und Piment. Fleischbrühe, die zu dickem Sulz kristallisierte, verfeinerte den Geschmack und machte die ganze Masse leicht formbar, so daß der Metzger sie jetzt in Därme einfüllen und dann in etwa achtzig Grad heißes Wasser legen konnte. Nach zwanzig bis fünfundzwanzig Minuten waren die ersten *Leberwürste* fertig. Auf ähnliche Weise kam die Familie zu *Schwartenmagen* und *Griebenwurst:* Die Schwarten der Außenhaut wurden vermischt mit Blut, Salz und Gewürzen, verrührt und in dicken Darm eingefüllt und dann etwa eineinhalb Stunden im Kessel erhitzt, bis die Probe mit Mutters Stricknadel zeigte, daß das Blut in der Wurst endgültig geronnen war. Die Griebenwurst, die dem Vater so gut schmeckte, benötigte nur zwanzig Minuten, bis sie fertig war. Der Metzger schnitt den Speck in kleine Würfel, goß heiße Fleischbrühe darüber und mischte dann Blut und Gewürze zu.
„Sen g'nug Nelke drin?" fragte der Vater, besorgt, ob die Wurst auch den richtigen Geschmack erhielt. Der Metzger nickte, füllte die Wurst in die Därme und legte sie ins siedende Wasser.
Ein kleinerer Teil der Wurstmasse wurde in Büchsen abgefüllt. Man lieh sich dazu bei den Nachbarn den

speziellen Apparat, der die Büchsen fest verschloß und den Inhalt lange haltbar machte. Wenn die übrigen Vorräte längst zu Ende gegangen waren, griff die Mutter nach den Dosen und versorgte die Familie mit dem Fleisch des letzten Schlachtfests.

Das Fleisch schnitt der Metzger roh in Stücke, etwa ein Pfund bis ein Kilogramm schwer, so wie die Mutter es sich wünschte. Aufbewahrt in einem Bottich, lagerten sie es dann in einem kühlen Raum oder im Winter auch draußen im Hof, bevor es am nächsten Tag angebraten und gewürzt und in Einmachgläser abgefüllt wurde, um es im Eindünstapparat kochen zu lassen.

Bepackt mit frischem Fleisch und Wurst und einem Sack Kartoffeln als Lohn für seine Arbeit machte sich der Metzger nach getaner Arbeit auf den Weg nach Hause. Der Schlachttag ging aber niemals zu Ende, ohne daß die Mutter, freigebig wie sie war, reichlich *Kesselbrühe* mit Fleisch an die Nachbarn verteilte und ihnen einen guten Appetit wünschte. Waren alle Arbeitsgeräte, die man zum Schlachten gebraucht hatte, gereinigt und das Vieh versorgt, setzte sich die ganze Familie mit den nächsten Nachbarn und Freunden des Abends um den Tisch und labte sich nochmals an den reichhaltigen Gaben des ereignisreichen Tages. Oft spendierte der Vater dazu noch einen Krug voll Most, unterstützt von der Mutter, die eine Schüssel selbst eingelegten Krautes aus dem Keller holte und auftischte. Erschöpft von der Arbeit des Tages, aber voll innerer Zufriedenheit genossen alle die nahrhafte Kost.

Die Augen der Kinder leuchteten, Dankbarkeit und Begeisterung sprach aus ihren Mienen. Und wenn die Abenddämmerung langsam ihren Einzug hielt und den Hof und die Fluren in ihr Dunkel hüllte, stimmten sie die altvertrauten Lieder an und ließen die Ereignisse des Tages in sanften Melodien ausklingen.

Die Ernährung der Familie

Die Schätze der eigenen Felder, Gärten und Ställe boten eine so vielseitige Auswahl, daß es allen schmeckte und keiner auf den Gedanken kam, es könnte irgendetwas fehlen. Die Auswahl unserer modernen Kaufhäuser und Supermärkte war den Menschen damals völlig unbekannt, aber sie verstanden es trotzdem, mit viel Einsatz und Geschick aus ihrer Landwirtschaft so zahlreiche Genüsse hervorzuzaubern, daß alle damit zufrieden sein konnten.
Welche Vielfalt an Salaten, Gemüsen und Kräutern ließ sich den Sommer und Herbst über dem Garten und den Feldern entlocken! Da gab es Erbsen, Gelbe Rüben, Blumenkohl, Kohlrabi, frische Bohnen, Endiviensalat, Gurken, Petersilie, Schnittlauch, Dill und Fenchel. Vermischt mit Kartoffeln, ob gekocht oder geröstet, zauberte die Mutter da so manches gut schmeckende Gericht auf den Tisch.
Hinzu kamen die Gaben, die die Tiere beisteuerten: Saure Milch und weißer Käse, Eier und Wurst, den ganzen Sommer über frisch auf den Teller.
Schwieriger wurde die Versorgung mit Nahrungsmitteln im Winter: Wenn der Garten und die Felder nichts mehr hergaben, die Hühner keine Eier mehr legten und der Frost draußen alles in seinem Griff hatte, mußte man auf das im Sommer Vorbereitete zurückgreifen. Doch auch jetzt war immer noch Abwechslung geboten: Da gab es Kartoffelspeisen in allen Variationen, Krautgerichte in ganz verschiedenen Zubereitungen, eingedünstete Bohnen, für den Winter verwahrte Eier und als besonders geschätzter Leckerbissen geräuchertes Fleisch.

Den ganzen Herbst über waren die Eltern bemüht, Nahrungsmittel für den Winter einzulagern und für die lange Zeit der Kälte haltbar zu machen. Die Kinder waren in diesen Wochen ebenso in die Arbeit ein-

gespannt wie die Großmutter, und mancher Tag im September und Oktober ließ ihnen nicht eine Minute Zeit zum Spielen.
Spät am Abend erst kehrten sie dem geschäftigen Treiben den Rücken und sanken dann müde und erschöpft ins Bett.
Wieviel Mühe erforderte es, allein das Krautfaß zu füllen! Kraut war der wichtigste Bestandteil des Essens im Winter, schmackhaft und sättigend für die ganze Familie und daher von großer Bedeutung, in ausreichender Menge bevorratet zu sein.
Zwei bis drei Zentner des wertvollen Nahrungsmittels baute jede Familie Jahr für Jahr auf ihrem Feld an. Die Vorbereitungen dazu begannen bereits im Frühjahr: Anfang bis Mitte Mai, je nach Witterung, wurde der Samen im Hausgarten ausgesät. Waren die Pflanzen an die 20 Zentimeter hoch, zog sie der Vater aus der Erde und überprüfte sie. Oft ließ sich oberhalb der Wurzel ein kleines Bällchen am Stamm ertasten, was nichts Gutes für das weitere Gedeihen des Gewächses bedeutete, denn an dieser Stelle hatte die Kohlfliege ein Ei eingenistet, das sich im Verlauf des Sommers zu einer Larve ausbildete und damit die Pflanze zerstörte.
Sparsam, wie der Vater war, versuchte er, die befallene Stelle mit seinen Fingernägeln wegzuknippen. Nur im Notfall warf er die ganze Pflanze weg.
Anschließend setzten sie die besten Krautpflanzen in den Acker. Der mußte vorher, im Herbst und Winter, mit Gülle und festem Mist gut gedüngt worden sein, damit das Kraut kräftig wachsen konnte, denn es war darauf ganz besonders angewiesen.
Bis die Krautköpfe ausgereift waren, wurde es Herbst. Irgendwann im Oktober, von Anfang bis in die Mitte des Monats, zog die gesamte Familie auf den Acker und trennte die Pflanzen mit einem kleinen Beil von ihrer Wurzel. Zusammen mit den Blättern der gleich daneben an-

gebauten Futterrüben luden sie die Krautköpfe auf den Wagen und führten sie nach Hause, wo sie im Schuppen unterm Dach drei bis vier Wochen gelagert wurden. Den Akker zackerte der Vater am nächsten Tag mit Hilfe von Kühen, Ochsen oder dem Gaul, je nachdem, was ihm gerade zur Verfügung stand, damit die Wurzeln des Krauts ihren festen Halt verloren und besser verfaulen konnten.

Die Weiterverarbeitung der Krautköpfe wurde erst Wochen später in Angriff genommen, denn Ende Oktober standen auf den übrigen Äkkern noch viele Arbeiten an, die sich wegen der näherrückenden kalten Jahreszeit nicht länger verschieben ließen.

Sauerkrautzubereitung

Wurde es dann Mitte November auf den Feldern ruhig, wendete sich die Familie wieder dem Kraut zu. Kopf für Kopf mußte untersucht und von seinen äußeren schmutzigen Blättern befreit werden. Diese wurden jedoch nicht etwa weggeworfen, sondern dienten Kühen und Schweinen als begehrtes Futter. Anschließend entfernten der Vater und die Mutter mit einem speziellen Messer, dem *Krautbohrer,* den Kern der jeweiligen Pflanze, indem sie von unten in sie einstachen und den Stiel aus ihr herausbohrten. Diesen Abfall erhielten wiederum die Schweine zum Fraß. Nun wurden die Krautköpfe im *Krauthobel* in feine Stücke geschnitten. Dieser Krauthobel war etwa einen Meter lang und vierzig Zentimeter breit. Wurden seine Füße ausgeklappt, hatte er festen Stand und bot einem Holzkorb unter sich Platz. In seiner Mitte befanden sich vier bis fünf scharfe Messer, über die die Krautköpfe in einer kleinen Kiste mehrfach hin und hergeschoben wurden. Ihre feinen Stücke fielen dabei nach unten in den Korb.

Viele Bauern verfügten über keinen eigenen Krauthobel, fehlte es ihnen doch am nötigen Geld für dieses nur einmal im Jahr benötigte Gerät. Sie überließen die Arbeit dann den *Krautschneiderinnen*, meist älteren ärmeren Frauen, die im Herbst mit einem eigenen Krauthobel von Haus zu Haus zogen und sich damit ihren Lebensunterhalt verdienten. Ihr Lohn wurde ihnen je nach ihrer Leistung berechnet: Für jeden gefüllten Holzkorb erhielten sie zwanzig Pfennige.

Gleichgültig, wer den Krauthobel bediente, damit war die Arbeit noch nicht erledigt. Das fein geschnittene Kraut mußte jetzt nämlich in den mächtigen Bottich im Keller eingefaßt werden.

Das Gefäß stand an einem geschützten Ort, wo der Inhalt nicht gefrieren konnte, weil sonst jeder Gärungsprozeß unmöglich gemacht worden wäre. Am Tag vorher hatten die Bauersleute den Bottich hergerichtet, mit heißem Wasser ausgebrüht, kräftig geschrubbt und auf seine Dichte überprüft. Dann wurde sein Boden mit großen Krautblättern ausgelegt. Jetzt endlich konnte das Krautfaß gefüllt werden. Körbeweise schütteten sie die feinen Krautstücke hinein und gaben Salz und Wacholderbeeren dazu. Nach der ersten Lage Kraut stieg dann eines der Kinder mit frisch gewaschenen Füßen und zuvor gesäuberten Kleidern in den Bottich und stampfte barfüßig oder mit Holzpantinen solange auf das Kraut, bis dieses seine Flüssigkeit verlor und naß wurde. Das konnte schnell gehen oder auch mehrere Minuten dauern, je nachdem, wie kräftig das Kind sich bewegte und wie regenreich der vergangene Sommer, in dem das Kraut wuchs, gewesen war. Stand die Füllung dann „unter Wasser", in ihrer eigenen Brühe also, konnte die nächste Ladung eingefüllt und das Stampfen fortgesetzt werden, mal einen halben, mal einen ganzen Tag, je nach Jahrgang. Der kleinen Martha war diese Aufgabe nicht etwa lästig – ganz im Gegenteil, sie freute sich. Konnte sie während des Stampfens doch viele Krautstücke naschen.

Hatten sie alle Köpfe gehobelt und das Faß gefüllt, wurde dem Inhalt etwas Weißwein zugegeben, um den Geschmack zu verfeinern. Dann breiteten sie ein sauberes Tuch aus weißem Leinen darüber aus, befestigten es am Rand des Bottichs und legten die passenden Bretter darüber, die den Deckel des Fasses bildeten. Zum Abschluß wuchtete der Vater schwere Kalksteine darauf, um das Kraut vollends abzuschließen.

Damit war die anstrengende Arbeit erledigt und die wichtigste Grundlage für eine gesunde Ernährung der Familie in der kalten Jahreszeit gelegt.

„Wenn i mei Kraut im Keller hab", pflegte der Vater zufrieden festzustellen, „und mei Eier und meine Kartoffle und mein Most und mei Fleisch, no ka's Christtag werde!"

Die Kinder aber waren damit noch nicht ganz zufrieden. Schließlich dauerte es drei bis vier Wochen, bis das Kraut gärte und als Sauerkraut genießbar war. Und diese Wochen waren eine sehr, sehr lange Zeit. Fast jeden Tag plagten sie die Mutter, endlich das Krautfaß anzupacken. Ende November, manchmal auch Anfang Dezember, konnte die Mutter dem Bitten und Betteln der Plagegeister nicht mehr länger standhalten und begab sich in den Keller, eskortiert von der ganzen Familie. Der Vater lupfte die Steine und die Bretter weg, zog das Tuch zur Seite und schöpfte Kraut und Brühe in eine Schüssel. War das ein Festessen! Einmal die Woche etwa wiederholte sich dieser Vorgang, den ganzen Winter hindurch, bis im April das unwiderruflich letzte Kraut geholt wurde. Bei jedem Öffnen des Fasses wurde das weiße Tuch sorgsam gewaschen, die Bretter und die Steine geputzt, überhaupt auf größte Sauberkeit geachtet.

Zum Kraut servierte die Mutter Schweinsfüße oder Bauchlappen, Leber- oder Griebenwurst oder auch Rauchfleisch. Das war der beliebteste Leckerbissen sowohl des Vaters als auch der Kinder, und alle waren daher mit Eifer dabei, wenn einen Tag nach dem Schlachten die Vorbereitungen zum Räuchern getroffen wurden.

Räuchern

Das rohe Fleisch, in Stücke zerschnitten, wurde in einen Tonständer gelegt und mit einer Brühe aus Salz, Wasser und Knoblauch übergossen. Zwei bis drei Wochen blieb es in diesem speziellen Bad, im Herbst länger, im Frühling, der Wärme wegen, kürzer. Dann zog die Bäuerin eine Nadel mit einer Schnur durch die Fleischstücke, ließ sie kurz abtropfen und hängte sie in der Rauchkammer an eine Stange. Bevor der Raum wieder verschlossen wurde, war es oberstes Gebot, darauf zu achten, daß sich keine Mücken oder sonstige Tiere hier eingeschlichen hatten.
Die Rauchkammer lag im Speicher des Hauses, gleich unter dem Dach. An ihrem Boden befand sich eine Öffnung im Kamin, aus der Rauch ausströmte, sobald irgendwo im Haus ein Feuer brannte. Damit er wieder entweichen konnte, war oben ein Abzug eingebaut.

Über mangelnden Rauch konnte sich niemand im Haus beklagen, brannten doch fast zu jeder Tageszeit die Scheite im Ofen: Morgens, wenn der Malzkaffee seinen herben Duft verbreitete; mittags, wenn das Essen kochte und abends, wenn die Kartoffeln für den nächsten Tag vorbereitet wurden.
So konnte sich droben das Rauchfleisch zu voller Würze entwickeln und die Gedanken der Kinder immer aufs Neue anregen. War das ein Freudentag, wenn der Vater in die Räucherkammer stieg und das erste Rauchfleisch zum Verzehr freigab! Das Kauen und Beißen wollte gar kein Ende nehmen, und Martha und ihre drei Brüder ließen es sich nach Herzenslust schmecken.

Eier einlegen

Weitaus weniger aufregend fiel da das Einlegen der Eier im Herbst aus. Weil die Hühner ihre leicht verderblichen Gaben nur in der warmen Jahreszeit lieferten, hatten die Eltern ein Gefäß aus Emaille parat, in dem sie im September an die hundert Eier verstauten, um sie für den Winter zu konservieren.
Nur ganz einwandfreie Eier durften dafür verwendet werden. Ein Ei mit einem Sprung begann bald einen üblen Geruch zu entwickeln. Damit möglichst viele in dem Gefäß aufbewahrt werden konnten, hatte die Mutter eine ganz spezielle Technik, die Eier darin zu verstauen. War sie mit ihrer Anordnung zufrieden, fügte sie ihnen eine milchige Flüssigkeit zu, die sie vorher aus einem Gemisch von Kalk und Wasser gewonnen hatte. Diese Brühe wurde solange über die Eier gegossen, bis alle ganz damit bedeckt waren. Danach verschloß man das Gefäß und öffnete es erst wieder im Dezember, um ihm die ersten Eier zum Verzehr zu entnehmen. Die milchige Flüssigkeit war bis dahin zu einem sulzig-festen Pudding erstarrt und hüllte die Eier fest ein. Allesamt aber hatten sie bis in den späten Winter hinein einen überraschend bekömmlichen Geschmack bewahrt.

Kräuter in Wald und Feld

Die Schätze der eigenen Felder und Ställe allein waren es also nicht, die den Menschen damals ein so reichhaltiges Angebot an bekömmlichen und nahrhaften Speisen bescherten: Ihr fleißiges Mühen und ihre in vielen Jahren von den Eltern erlernten Kenntnisse der Konservierung versetzten sie erst in die Lage, auch ohne Supermarkt mit einem vielseitigen Nahrungsangebot aufzuwarten. Dabei erstreckten sich ihre Fähigkeiten nicht allein auf den Bereich der Essenszubereitung, sondern auch auf die Versorgung mit wohlschmeckenden Getränken. Welche Vielfalt an Pflanzen und

Kräutern stand ihnen zur Verfügung, aromatisch duftende Tees herzustellen! Da sammelte man im Frühjahr die jungen Blätter der wilden Erdbeeren, Himbeeren, Brombeeren und auch Heidelbeeren. Man versuchte, beim Pflücken die Pflanzen zu schonen und von der Strauchspitze abwärts erst das vierte, fünfte und sechste Blatt abzunehmen. Die Blätter wurden sorgfältig im obersten Geschoß des Hauses aufbewahrt und getrocknet. In diesen Wochen erfüllte der würzige Duft des Tees alle Räume.
War es anfangs noch die Mutter, so blieb es mit zunehmendem Alter den Kindern vorbehalten, nach den kräftigenden und heilenden Kräutern wie Spitzwegerich, Schafgarbe, Wegtreter, Johanniskraut oder den Lindenblüten zu suchen. Die kleine Martha streifte im Frühling und Sommer mit ihren Brüdern und Spielgefährtinnen über die Wiesen und durch die nahen Wälder und brachte der Mutter des Abends eine reichhaltige Auswahl an wohlduftenden Kräutern mit.
Für allerlei Krankheiten legte die Mutter dann Blätter bereit, zum Teil angesetzt mit Schweineschmalz wie die Blüten der Ringelblumen, die sich als Salbe bei Verletzungen bewährten, oder zum Aufbrühen als Tee wie die Lindenblüten bei Fieber. Litt eines der Familienmitglieder an Grippe, kochte die Mutter Wollblumen auf und verabreichte den Sud dem Patienten.

Kaffee aus eigenem Anbau

Doch nicht nur auf Tees erstreckte sich ihre Kunst. Obwohl die Existenz der koffeinhaltigen Kaffeebohnen aus den überseeischen Ländern noch weitgehend unbekannt war, brauchte dennoch niemand auf den Genuß wohlschmeckenden Kaffees zu verzichten. Jeden Morgen setzten die Mutter oder die Großmutter Malzkaffee auf, dessen würziger Duft bald das ganze Haus erfüllte. Auch dieses wohlbekömmliche Getränk stammte von den ei-

genen Feldern, verstand man sich doch auf die Kunst, selbst angebaute Gerste so zu rösten, daß sie beim Aufbrühen eines kräftigen Malzkaffees ihren vollen Geschmack entwickelte. Mit dem Zusatz von etwas Zichorie erhielt der Kaffee ein wunderbar würziges Aroma. Diese Pflanze bauten viele Bauern sogar felderweise an, weil die nicht allzuweit entfernte Malzkaffeefabrik die Abnahme garantierte und so ein zusätzliches Einkommen bot. Bei der Zichorie handelt es sich um ein dem Meerrettich ähnliches Kraut mit langen schmalen Blättern, von dem zur Kaffeeherstellung aber nur die Wurzel verwendet wurde. Man zakkerte es mit dem Pflug aus dem Boden, schaffte es nach Hause in die Scheune und schnitt dort die Wurzeln ab. Wagenweise wurden diese dann zum Bahnhof geführt und in Güterwaggons verladen.
Daß aber kein Kaffee so gut schmeckte wie der aus dem selbst angebauten Gerstenkorn gewonnene, merkte die kleine Martha, als sie wieder einmal im Haushalt der reichen Leute in Stuttgart zu Gast war, wo ihre Tante Frieda als Küchenfee wirkte.
„Hast du solch guten Bohnenkaffee schon einmal getrunken, Kind?“ fragte die vornehme Gastgeberin. Martha schüttelte artig den Kopf.
„Dann nimm einen Schluck und genieße ihn!“
Folgsam wie sie war, gehorchte sie, nippte nur ein wenig von dem kostbaren Kaffee und verspürte doch nur einen bitteren, ja ekelhaft brennenden Geschmack.
„Nun, mein Kind?“
Martha mußte allen Mut zusammennehmen, das ihr ungewohnte bittere Gebräu hinunterzuschlukken. Oh, wie sehnte sie sich in diesem Moment nach dem herrlich würzigen Aroma des gewohnten Malzkaffees zuhause!
Und so ging es ihr später im Leben oft, wenn sie von teuren, anspruchsvollen Essenszubereitungen mit hochklingenden französischen Bezeichnungen vernahm und an die

einfachen Gerichte dachte, die ihre Mutter tagaus, tagein hervorzuzaubern imstande war. Anspruchsvoll war es nicht, was damals auf den Tisch kam. Auch bezeichnete man es nicht mit hochtrabenden fremdländischen Namen, aber es schmeckte allen, machte hungrige Mägen satt, und alle waren sie gesund und zufrieden. Sehen wir uns einige der gebräuchlichsten Mahlzeiten aus jener Zeit einmal an.

Dampfnudeln

Zutaten: 1 Pfund Mehl, Salz, 80 g Butter, ¼ l Milch, 1 Ei, 20 g Hefe, Fett.
Aus den angegebenen Zutaten bereitet man einen glatten Hefeteig, den man nach dem Schlagen zum Aufgehen in die Wärme stellt. Ist er gegangen, sticht man mit einem Eßlöffel runde Küchlein ab oder man nimmt den Teig auf ein erwärmtes Wellbrett, wellt ihn etwa 2 cm dick aus und sticht mit einem Glas Küchlein aus. Diese setzt man auf ein erwärmtes, mit Mehl bestäubtes Brett und läßt sie etwa 25 Minuten gehen.
In einer eisernen Pfanne läßt man Fett zergehen, gibt Wasser und Salz (oder bei süßen Dampfnudeln Milch und Zucker) dazu und läßt es aufkochen. Man setzt die Küchlein nebeneinander hinein, schließt die Pfanne mit einem gut passenden Deckel und läßt die Dampfnudeln etwa 20 Minuten langsam aufziehen. Sobald in der Pfanne ein krachendes Geräusch zu hören ist, wird der Deckel vorsichtig abgenommen, die Dampfnudeln mit einer kleinen Schaufel herausgenommen, auf eine Platte gesetzt und möglichst rasch aufgetragen.

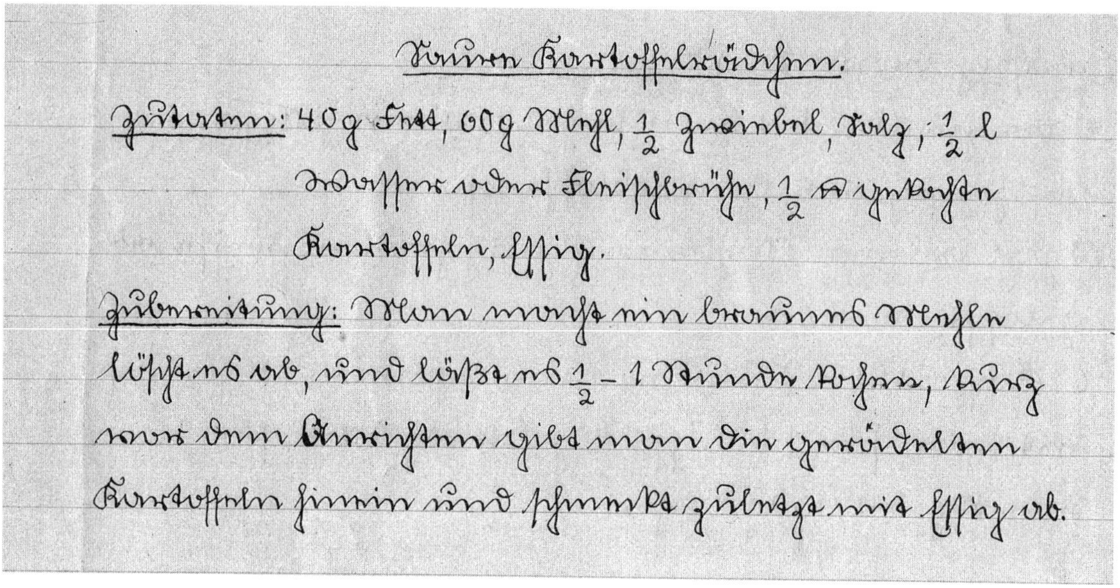

Saure Kartoffelrädchen.

Zutaten: 40g Fett, 60g Mehl, 1/2 Zwiebel, Salz, 1/2 l Wasser oder Fleischbrühe, 1/2 Pfd. gekochte Kartoffeln, Essig.

Zubereitung: Man macht ein braunes Mehl, löscht es ab, und läßt es 1/2 - 1 Stunde kochen, kurz vor dem Anrichten gibt man die gerädelten Kartoffeln hinein und schmeckt zuletzt mit Essig ab.

Saure Kartoffelrädle

Kartoffeln mit der Schale kochen, dann in Scheiben schneiden.
Soße zubereiten: Fett heiß werden lassen und Mehl hinzugeben. Das Mehl bräunen, dann ablöschen. Mit Salz, Lorbeerblättern und Essig würzen und aufkochen lassen. Dann die Kartoffelscheiben hineingeben und darin aufkochen.
Zu den sauren Kartoffelrädle wird Leberwurst serviert.

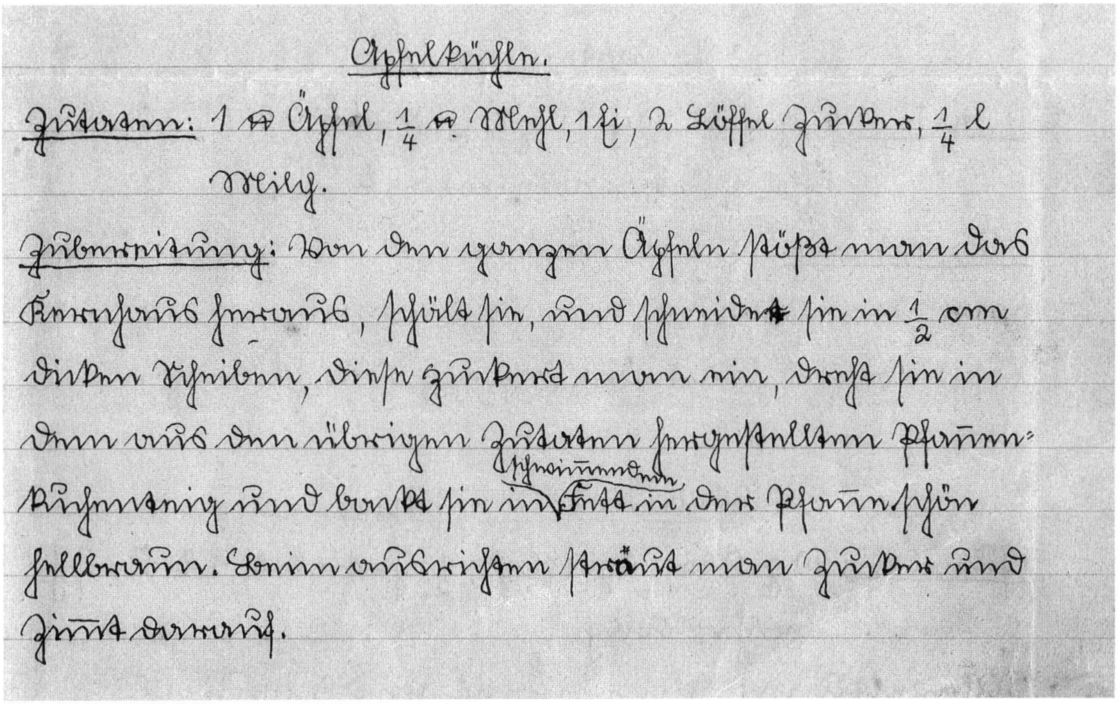
Apfelküchle.
Zutaten: 1 ℔ Äpfel, 1/4 ℔ Mehl, 1 Ei, 2 Löffel Zucker, 1/4 l Milch.
Zubereitung: Von den ganzen Äpfeln stößt man das Kernhaus heraus, schält sie, und schneidet sie in 1/2 cm dicken Scheiben, diese zuckert man ein, dreht sie in dem aus den übrigen Zutaten hergestellten Pfannkuchenteig und bäckt sie in schwimmendem Fett in der Pfanne schön hellbraun. Beim Anrichten streut man Zucker und Zimt darauf.

Apfelküchle

Zutaten: 1 Pfund Äpfel, 250 g Mehl, 1 Ei, 2 Löffel Zucker, ¼ l Milch.
Zubereitung: Von den ganzen, geschälten Äpfeln stößt man das Kernhaus heraus und schneidet sie in ½ cm dicke Scheiben, diese zuckert man ein, dreht sie in dem aus den übrigen Zutaten hergestellten Pfannkuchenteig und bäckt sie in flüssigem Fett in der Pfanne schön hellbraun. Vor dem Servieren streut man Zucker und Zimt darauf.

Maultaschen

Zutaten
Zum Nudelteig: 500g Mehl, 4 Eier, Prise Salz
Zur Fülle: 100g durchwachsenen Speck, 1 Zwiebel, 250g Hackfleisch, 200g Bratwurstbrät, 3 Brötchen vom Vortag, 2 Eier, 250g gekochter Spinat ohne Stiele, 50g roher Spinat, Petersilie, Salz, Pfeffer.
(Der Streit darüber, ob in die echten schwäbischen Maultaschen Spinat gehört oder nicht, hat schon Familien entzweit. Wir geben das Rezept mit Spinat an; wer ihn nicht mag, kann den Spinat auch weglassen und stattdessen etwas Lauch nehmen.)
Für den Nudelteig in das Mehl eine Vertiefung machen, Eier und Salz hinzugeben. Einen glatten Teig kneten und eine Rolle formen. Diese in sechs Segmente teilen und hauchdünn zu einem etwa 18cm breiten Rechteck ausrollen. Speck in feine Streifen schneiden und in der Pfanne glasig dünsten, Zwiebel zugeben und ebenfalls dünsten. Die eingeweichten Wecken, Petersilie, Spinat durch den Fleischwolf drehen und mit Speck, Zwiebel und Lauch vermengen. Eier und Brät unterarbeiten, mit Salz und Muskatnuß würzen. Die Masse soll gut streichfähig sein, eventuell noch ein Ei zugeben. Die Teigbahnen gleichmäßig mit der Masse bestreichen, von der langen Seite aus zweimal umschlagen, das obere Ende des Teigs mit Eiweiß bestreichen, überschlagen und andrücken. Schräge Stücke von etwa 3cm Breite abschneiden, in kochende Fleischbrühe geben und 10 bis 12 Minuten ziehen lassen.

Luggeleskäse oder Weißer Käse oder Bibbeleskäse

Milch wird weggestellt, um sie ungekocht sauer werden zu lassen, was im Sommer drei Tage, im Winter an die vierzehn Tage dauert. Wenn sie dick ist, wird ihr der dicke, gelbe Rahm abgezogen und die Milch im Milchhafen aus Steingut in einen größeren Kochtopf, der mit heißem Wasser gefüllt ist, gestellt. Am nächsten Morgen wird der jetzt klumpige Inhalt abgeschüttet in ein Tuch oder ein Sieb, wobei die Molke abfließen kann. Der Käse wird jetzt aus dem Tuch oder dem Sieb in eine Schüssel gebracht und hier mit Rahm angemacht, verrührt und mit Salz und Kümmel oder Kräutern vermischt, je nach Geschmack.
Zum Käse schmecken Brot oder auch Kartoffeln.

Schupfnudeln

Zutaten: 3 Pfund Kartoffeln, 2 Eier, 100 g Mehl, 1 Eßlöffel Salz, Muskat, Backfett.
Die gekochten, geschälten Kartoffeln werden so heiß als möglich durch eine Presse getrieben oder auf dem Brett mit dem Wellholz zerdrückt. Dazu gibt man Mehl, Gewürze, Eier, arbeitet die Masse zusammen und rollt von dem dadurch erhaltenen Teig fingerlange und fingerdicke Schupfnudeln. Diese werden in kochendes Salzwasser gegeben und, sobald sie an der Oberfläche schwimmen, herausgenommen. Danach werden sie in heißem Fett 6–8 Minuten gebacken. Zu Schupfnudeln darf man nur recht mehlige Kartoffeln verwenden, da man sonst mehr Mehl braucht und dieses die Güte der Schupfnudeln beeinträchtigt.

Krautwickel

Zutaten: 1 großer oder 2 kleinere Weißkrautköpfe, 3 Liter Abkochwasser, 3 Eßlöffel Salz, ¾ Pfund Hackfleisch, 2 Brötchen, 2 Eier, Pfeffer, gedämpfte Zwiebeln und Petersilie, Fett, Fleischbrühe.

Die Krautblätter werden in strudelndem Salzwasser 5 Minuten gekocht. Die kleinen Blätter werden weichgekocht und fein gehackt. Die großen Blätter werden aus dem Salzwasser genommen und zum Erkalten einzeln auf ein Nudelbrett gelegt. Das Hackfleisch wird mit den in Wasser eingeweichten, ausgedrückten und verzupften Brötchen, den Eiern, dem Gewürz und dem gehackten Kraut gut vermengt.

Von dieser Masse gibt man auf ein halbes großes oder ein kleines Krautblatt einen Eßlöffel voll, wickelt das Blatt zusammen und schneidet die Enden gleichmäßig ab. Den Abfall wickelt man mit der Fülle in das nächste Blatt. Sodann legt man die Wickel in eine mit reichlich Fett bestrichene Bratpfanne, belegt sie mit Butterstückchen, übergießt sie mit Fleichbrühe und brät sie in gut heißem Ofen eine Stunde, bis sie schön braun sind.

Tiere als Hilfskräfte und Nahrungslieferanten gehörten zu jedem Bauernhof

Für die kleineren Tiere waren meistens die Kinder verantwortlich

Die Familien waren zahlreich, weil die bäuerliche Arbeit viele Arbeitskräfte benötigte

Heuernte

Nach der Ernte werden die Flachsbüschel auf dem Feld zum Trocknen aufgestellt

Beim Spargelstechen – damals wie heute eine mühevolle Arbeit

SCHANDALIK UND MERANER
FOTOGRAFEN
SALZBERGWERK DÜRRNBERG
NUMMER
13
HALLEIN.
10
ES WIRD GEBETEN
JUNI
BEI NACHBESTELLUNGEN
TAG UND NUMMER ANGEBEN

Ludwigshafener Anzeiger

Erscheint mit Ausnahme des Sonntags täglich. Abonnementspreis hier 48 kr., bei allen Postanstalten 50 kr. vierteljährlich.

Inserate werden mit 4 kr. die dreispaltige Zeile berechnet. Bei mehrmaligem Einrücken wird entsprechender Rabatt bewilligt.

№ 28. Montag, den 3. Februar. 6ter Jahrgang. 1873.

Deutsches Reich.

Berlin, 1. Febr. Bei der Debatte über die Verfassungsänderung äußerte sich der Abg. Virchow am Schlusse seiner Rede sehr treffend wie folgt: „M. H.! Sie sehen die göttliche Ordnung wesentlich in der Gestaltung der Kirche, wir sehen diese Ordnung in der Gestaltung der Individuen. Auch für uns ist das Individuum kein zufälliges, rein plan- und zweckloses Ding, auch wir sind der Ueberzeugung, daß das Individuum seine Existenz, die Formen seiner Lebensäußerungen, die Formen seiner geistigen Thätigkeit alle auf Grundlage von wenigen Gesetzen fördert, daß diese Gesetze nicht entstanden sind durch irgend einen beliebigen Zufall; auch wir glauben daran, daß es eine allgemeine Ordnung gibt; aber wir sind allerdings nicht überzeugt, daß irgend ein Sterblicher diese Ordnung zu durchschauen im Stande ist (Sehr gut! links), und daher, m. H., sind wir nicht im Stande, uns der Auffassung hinzugeben, daß es irgend eine Kirche gibt, welche in dem vollen Besitz des Erkenntnisses wäre, welche die göttliche Ordnung erschließen könnte. Wir verlangen daher, m. H., die freie Entwicklung des Individuums auf Grundlage derjenigen Glaubensmeinung, welche es empfängt. Woher, hat der Staat nicht zu fragen, sondern nur, ob diese Glaubensmeinungen verträglich sind mit den Staatseinrichtungen, mit der Wohlfahrt der Gesellschaft überhaupt. So viel hat der Staat zu untersuchen, und innerhalb dieser Grenzen hat er auch seine Gesetzgebung zu formiren, und insofern das, was hier vorgeschlagen ist, sich innerhalb dieser Grenzen bewegt, in so weit werden wir bereit sein, der Regierung unsere Unterstützung zu leihen. (Beifall links.)

Straßburg, 1. Febr. Die Straßburger Zeitung vernimmt als sicher, daß das Gesuch des hiesigen Gemeinderaths um erweiterte Zulassung des französischen Sprachunterrichts in Elementarschulen vom Herrn Reichskanzler abschlägig beschieden wurde.

Lokale und Pfälzische Nachrichten.

Ludwigshafen, 2. Febr. Die Familie des Herrn Heinrich Stauffer I. wurde heute Nachmittag durch ein schreckliches Unglück heimgesucht. Zwei Kinder derselben ein Mädchen von 9 und eines von 6 Jahren, ertranken in dem Eisenbahnweiher. Die Kinder befanden sich mit 3 anderen auf der noch sehr dünnen Eisdecke des Weihers, als alle 5 einbrachen. Herbeigeeilter Hülfe gelang es alsbald drei Knaben zu retten, die beiden Mädchen waren verloren. Die Lage der Eltern ist verzweifelnd. Möge dieser traurige Fall eine Warnung für Eltern und Kinder sein!

Ludwigshafen, 2. Februar. Der Cäcilienverein hielt gestern im Heim'schen Lokale einen „Herrenabend" ab der stark besucht war. Die aktiven Mitglieder boten recht gelungene Piecen und war das Verlangen zur öfteren Abhaltung solcher Abende ein Allgemeines. — Der Turnverein hielt einen Ball in den 3 Mohren und der Gesangverein Concordia ein solchen im bayerischen Hofe ab. Beide Bälle sollen sehr stark besucht gewesen sein und an Gemüthlichkeit nichts zu wünschen übrig gelassen haben.

Z. Ludwigshafen, 2. Febr. Mit heiterem Muthe und einem tiefen Seufzer aus der entlasteten Brust werden unsere Hasen und Rehe den heutigen Tag begrüßt haben, denn der 2. Februar entwindet wahren Jägern wie Krautschützen das Mordgewehr und gibt Ruhe den Wäldern und Fluren zurück. Wer jetzt seinen Rehziemer und seinen Hasenbraten noch nicht gegessen hat, muß sein Gelüste auf lange hinausschieben; den ersteren bringt ihm erst der Pirschgang des Monats Juni wieder und der letztere winkt nicht früher dem Liebhaber, als bis im Spätherbste die Blätter sich wieder fahle färben.

Mannheim, 31. Januar. Die gestern Abend durch an allen Ecken der Stadt angeschlagene Plakate angemeldete Volksversammlung auf dem Gambrinuskeller war sehr zahlreich besucht. Herr Höbl eröffnete die Versammlung in gewohnter Weise und bat um Ruhe, welche jedoch nicht lange dauerte, indem die Gegner des Allgemeinen Deutschen Arbeiter-Vereins, welche sehr zahlreich erschienen waren, Correferenten im Bureau, in derselben

Aus Liebe.

Eine Kriminalgeschichte von Friedrich Friedrich.

(Schluß.)

Einen Augenblick schwankte sie. Durch dies Wiedersehen wurden so viele schmerzliche und erschütternde Erinnerungen wachgerufen; sie fühlte, daß ihre Kraft für dieselben noch nicht ausreichen werde, dennoch siegte die Liebe. Sie ließ ihn eintreten.

Sie hatte den Stuhl, in welchem sie saß, an das geöffnete Fenster rücken lassen, durch welches der frische Duft des Parkes strömte; sie wollte, als sich die Thüre öffnete, sich erheben und Kurt entgegengehen, er kam ihr indeß zuvor. Hastig eilte er auf sie zu, warf sich vor ihr nieder, erfaßte ihre Hand und preßte seine Lippen darauf.

„Margarethe, Margarethe!" rief er. Mehr vermochte er nicht hervorzubringen, allein aus diesem einzigen Rufe klangen all die durchlebten Schmerzen, hoffnungslose Verzweiflung und das treue Ausharren der Liebe.

Ihr Auge ruhte wieder auf Dem, dem ihr Herz für immer gehörte.

Liebkosend beugte sie sich zu ihm herab und strich ihm mit der Linken über das Haar hin. Wie viel hatte er ihretwegen gelitten! . . .

Plötzlich zuckte sie erschreckt zusammen. Preßte er nicht die Lippen auf dieselbe Hand, welche ihren Mann getödtet? — Hastig entzog sie ihm dieselbe und hielt sie schluchzend vor die Augen. Mitten in ihrem Glücke waren ihre Gedanken zu der bleichen Gestalt ihres Mannes zurückgekehrt.

Kurt ahnte nicht, was in ihr vorging. War es mehr als die Freude des Wiedersehens? —

„Weine nicht!" bat er, sich emporrichtend. „Nun diese Prüfungen unsere Liebe nicht erschüttert haben, ist sie für immer gefestigt. Vergiß, was hinter uns liegt, deine Hand ist wieder frei und du sollst sie für immer in die meinige legen. Ich will sie festhalten und hüten als meinen besten Schatz."

Noch immer schluchzte Margarethe heftig und schüttelte ablehnend mit dem Kopfe.

„Dein Herz gehört mir", fuhr Kurt fort. „Kannst du es mir entziehen? — Sieh, als ich in dem Gefängniß saß und von dem ersten Morgendämmern bis zum Abende immer dieselben grauen und engen Mauern sah, da war ich mehr als einmal dem Wahnsinn nahe, und ich dachte daran, durch eine rasche That all dem Elende mit einem Male ein Ende zu machen — der Gedanke an dich hat mir das Leben gerettet! Ich kann und will ohne dich nicht leben, Margarethe; in deiner Hand liegt es, mich unaussprechlich glücklich oder elend zu machen."

Noch immer kämpfte die Unglückliche mit sich.

„Kurt, kann ich die Hand je ruhig in die Deinige legen, welche Lindenheim getödtet hat?" erwiederte sie endlich. „Würde

Ausschnitt aus einer alten Tageszeitung

Möbelversteigerung.

(198$^{1}/_{2}$) Montag den 10. Februar nächsthin, Morgens 9 Uhr, zu Ludwigshafen im Gartenhause des Lichtenberger'schen Gartens am Rhein, lassen die Geschwister Lichtenberger dahier öffentlich auf Credit versteigern:

13 Pappelbäume, ungefähr 400 Stühle, 23 Tische, 19 Musikpulte, 8 Glasglocken und verschiedene alte Pfähle.

Ludwigshafen, den 2. Februar 1873.

C. Moré,
königl. Notar.

Todes-Anzeige.

(199) Gott dem Allmächtigen hat es gefallen meinen unvergeßlichen lieben Mann,

Friedrich Pflantz,

Schmied und Wagenbauer, nach kurzem schweren Leiden heute Mittag 4 Uhr im 34. Lebensjahre zu sich abzurufen.

Um stille Theilnahme bittet

Ludwigshafen, den 2. Febr. 1873.

Die tieftrauernde Gattin:
Elisabetha Pflantz,
geb. **Schneider.**

Die Beerdigung findet Dienstag Nachmittag 3 Uhr statt.

Prima Alpenbutter,

30 kr. pro Pfd.,
in Kübel von circa 25 Pfund 28 kr. pro Pfund,
bei (196$^{1}/_{8}$)

Carl Schwinn.

Paniermehl,

pro Pfd. 18 kr.,
bei

Jean Bapt. Fell,
(182) Ecke am Aufgang zur festen Brücke.

Wein-Verkauf

über die Straße.

(179$^{2}/_{3}$) Der Unterzeichnete verkauft Geschäftsveränderungs wegen ca. 4000 Liter Wein. Den 18er zu 12 kr., den 24er zu 18 kr. und sehr guten Neuen zu 15 kr. Im Faß billiger.

Franz Pfeiffer,
Restaurateur im Schmitt'schen Hause in der Oggersheimerstr.

In der Druckerei d. Bl. sind

Linienblätter,

auf zwei Seiten bedruckt, zu haben.

(200$^{1}/_{2}$) Ein guter

Schuhmacher

findet dauernde Arbeit bei
Stadler, Schuhmachermeister.

Todes - Anzeige.

(201) Verwandten und Freunden die für uns so schmerzliche Nachricht, daß unsere li ben Kinder,

Maria im Alter von 9$^{1}/_{2}$ Jahren
und
Johanna im Alter von 6 Jahren,

gestern Nachmittag 3 Uhr in dem Eisenbahnweiher ertrunken sind.

Die Beerdigung findet Morgen, Dienstag Nachmittag 3 Uhr statt.

Ludwigshafen (Hemshof), 3. Februar 1873.

Die tiefbetrübten Eltern:
Heinrich Stauffer I.
Marie Stauffer, geb. **Bernhard.**

Wirthschafts-Eröffnung.

(202$^{1}/_{3}$) Der ergebenst Unterzeichnete beehrt sich hiermit anzuzeigen, daß er die M. Mohr'sche Wirthschaft übernommen hat und am **Mittwoch den 5. Februar** eröffnen wird. Für **reingehaltene Weine** und **gutes Bier,** sowie für **guten Tisch** wird stets gesorgt sein. Um gef. Zuspruch bittet

Joseph Remmele.

Ludwigshafen, den 3. Februar 1873.

(Mittwoch Abend: **Schweineknöchel** und **Sauerkraut.**)

Hanf-Couverts

mit Firmen Eindruck werden zu billigen Preisen in der Druckerei dieses Blattes angefertigt.

Clavier-Leih-Anstalt

von G. Schlimbach in Speyer

empfiehlt ganz neue Pianinos von Schwechten in Berlin und Feurich in Leipzig, wie auch gespielte Instrumente jeder Art in Miethe zu billigen Preisen.

Nähere Auskunft ertheilt Lehrer Argus, wohnhaft in der Kassenstraße. (272^{20})

---

ohne Medicin.

Brust- u. Lungen-

kranke finden auf naturgemäßem Wege selbst in verzweifelten und von den Aerzten für unheilbar erklärten Fällen **radicale Heilung** ihres Leidens

ohne Medicin.

Nach specieller Beschreibung der Krankheit Näheres briefl. durch

Dir. J. H. Fickert, Berlin,
(181$^{44}/_{52}$) Wallstraße 23.

ohne Medicin. ohne Medicin. ohne Medicin.

Wohnungs-Veränderung.

(173$^{2}/_{3}$) Von heute an wohne ich in dem Hause des Schlossermeisters Gies im 2. Stock gegenüber der Synagoge.

J. Gruber.
Geschäftsagent.

(174$^{2}/_{3}$) In dem zweiten Stocke des Schlossermeisters Gies, gegenüber der Synagoge, sind zwei möblirte Zimmer zusammen oder theilweise zu vermiethen und sogleich zu beziehen. Auf Verlangen kann auch die Kost verabreicht werden.

Eine **gebrauchte Bettstelle** ist ganz billig zu verkaufen. Näheres in der Exped.

Der Regenerator

[oder Lebenswecker]

seit Jahren das bewährteste, beste Mittel gegen allgemeine und spezielle Schwächezustände, Magendärm- u. Leberkrankheiten, Hämorrhoiden, Engbrüstigkeit, Milzkrankheit, Flechten etc., sowie alle Krankheiten, die vom verdorbenen Blute und schlechten Säften herrühren. Der „Lebenswecker" befördert die Verdauung, reizt den Appetit und bringt neue Lebenslust in den erschlafften Körper, er ist besonders im kritischen Alter zu empfehlen. Zu haben per Flasche zu 1 fl. 10 kr. bei **C. v. Goehl** in Ludwigshafen. (269^{11})

Zu vermiethen:

(178$^{3}/_{8}$) Ein schön möblirtes Zimmer im Hause des Herrn Bäcker Oehl im 2. Stock.

Zu vermiethen:

(197$^{1}/_{3}$) Drei Zimmer, Mansarde und Küche, bis 1. Mai beziehbar, bei

C. Hedderich,
Oggersheimerstr.

(195$^{1}/_{3}$) Ein möblirtes Zimmer ebener Erde, in der Nähe der Bahn, ist sogleich zu vermiethen. Zu erfragen in der Exped.

Zu vermiethen.

In dem neu erbauten am Ende der von der Aktienbrauerei bis zur Brückenbahn fortgesetzten Straße gelegenen 3stöckigen Hause sind circa 12 Wohnungen von je 2 und 3 Zimmern mit Küche und geräumigen Dachzimmern, sowie zu Wirtschaftsbetrieb und Laden-Einrichtung geeignete Lokalitäten zu vermiethen und bis 1. April beziehbar.

Näheres bei Eisenbahn-Assistent Wack, wohnhaft bei Schlossermeister Schmidt, Quadrat XII. (192$^{2}/_{4}$)

Geldscheine von 1910

Kaiserliche Marine.

Militärpaß

des

Jahresklasse: 18

Lumpensammler (unteres Bild)

Kleider machen Leute

Nicht allein bei der Essenszubereitung und beim Herstellen wohlschmeckender Getränke erwiesen sich Marthas Eltern sehr geschickt. Auch bei der Herstellung ihrer Kleidung konnten sie sich weitgehend auf die Erträge des eigenen Hofes verlassen. Da gab es noch keine Kunstfasern und keine großindustrielle Produktion von billigen Stoffen. Wer etwas zum Anziehen benötigte, fertigte es sich aus Schafwolle oder aus Flachs selbst an. Eignete sich Schafwolle aufgrund ihrer Beschaffenheit nur zur Kleidung für die kälteren Monate des Jahres, so erwies sich Flachs als idealer Stoff mit vielfältiger Verwendungsmöglichkeit. Nicht ohne Grund bauten die Eltern der kleinen Martha daher Jahr für Jahr diese arbeitsaufwendige Pflanze an. Es bereitete nämlich unsägliche Mühe und viele Arbeitsgänge, aus dem blaublühenden Kraut Stoffe herzustellen, aber es war die einzige Möglichkeit, auch in einer Landwirtschaft ohne großes finanzielles Vermögen an saubere, gepflegte Kleidung und ausreichende Aussteuer für die heranwachsende Tochter zu gelangen. Angeleitet von Großmutter und Mutter schaffte es die junge Martha, ihr gesamtes Heiratsgut von eigener Hand zu erstellen.

Mit Stolz erzählt sie noch heute von dieser Leistung. Wir verstehen die Mühsal und den Arbeitsaufwand aber wohl erst dann richtig, wenn wir den Vorgang der Flachsverarbeitung näher betrachten.

Flachsanbau und -verarbeitung

Gesät wurde der Flachs Ende April. Voraussetzung war ein ertragsstarker, unkrautfreier Acker, damit nicht zu häufig gehackt werden mußte und später bei der Fasergewinnung nicht zu viele andere Gräser störten.

Etwa drei Monate nach dem Säen reifte der Flachs. Das Feld hatte sich

zu der Zeit in einen blauen Teppich verwandelt. Vom Wind bewegt, gaben die Fruchtknoten klappernde Geräusche von sich, an denen der Bauer ihre Reife erkannte.
Jetzt begann die mühselige Verarbeitung. Neunmal muß – vom Samen bis zum Faden – der Flachs durch Menschenhand, so wußte es schon der Volksmund. Führen wir uns die wichtigsten Arbeitsgänge vor Augen:

Das Rupfen

Im Hochsommer wurde der Flachs geerntet. Die fast einen Meter hoch gewachsenen Pflanzen wurden mit der Hand aus dem Boden gerupft und dann kreuzweise übereinandergelegt. Danach wurden sie zusammengebunden und in kleinen Büscheln, etwas kleiner als die heutigen Strohgarben, auf dem Feld zum Trocknen aufgestellt. Anschließend brachte man die Garben nach Hause, um sie dort weiter zu verarbeiten.

Das Riffeln

Um die Kapseln mit dem Samen von den Stengeln abzureißen, wurden die Flachsbüschel durch einen etwa vierzig Zentimeter breiten Eisenrechen gezogen, der über bis zu zwanzig spitze Eisenzähne verfügte. Die Samenkapseln fielen dabei in einen Behälter, wobei die meisten Kapseln aufsprangen. Da man aus ihnen Öl herstellen konnte, brachte man sie in die Ölmühle in der Stadt und tauschte Leinöl dafür ein. Damit konnte man Speisen zubereiten, es ließ sich aber auch als Heilmittel oder Farbanstrich verwenden. Man kaufte braunes Farbpulver, vermischte es mit Leinöl, rührte es an und strich die Fachwerkbalken, die Deichseln der Wagen und die Holzböden im Haus, um ihnen eine frische Farbe zu verleihen.

Die Tauröste

Nun wurden die Stengel der Pflanzen auf den Wiesen ausgelegt, damit sie durch die Feuchtigkeit der Abend- und Morgenstunden ihren Pflanzenleim verloren. Die Flachsbündel verrotteten hier innerhalb weniger Tage und nahmen bald eine hellgraue Farbe und eine ausgemergelte, dürre Form an.

Das Dörren

Anschließend mußten die Pflanzen wieder getrocknet werden, um sie hart und brüchig zu machen. Hierzu legte man sie akkurat nebeneinander aufs Feld und ließ sie acht Tage in der Hitze der Sommersonne dörren. Gab es jedoch eine Schlechtwetterperiode, legte man das Flachsstroh für einige Stunden bei leichter Wärme ins Backhäusle, um es dort dörren zu lassen. Das war aber nicht ohne Risiko, konnte es doch geschehen, daß die Hitze im Ofen noch zu groß war und das wertvolle Flachs sich entzündete.

Das Bleuen, Brechen und Schwingen

Anschließend wurden die Flachsbündel auf dem Boden mit einem speziellen Holzhammer geschlagen, gebleut, und dann mit einem einfachen Holzstiel oder in der Flachsbreche durch Auf- und Abschlagen des Brechhebels gebrochen, so daß die Außenhaut des Flachsstengels abfiel und weggeworfen werden konnte. Das Brechen war ein langwieriger Vorgang, mußte doch jeder Stengel von der Wurzel bis zum Scheitel sorgsam gebrochen und von allem grasigen Material befreit werden. Um dies auch wirklich zu erreichen, wurde der Flachs anschließend noch geschwungen, nämlich bündelweise in eine Vertiefung des Schwingstocks gelegt und dort mit dem Schwingmesser durchgeschlagen.

Das Hecheln

Die Arbeit am Hechelstuhl erforderte größte Sorgfalt. Der Flachs wurde solange durch die Hecheln, runde Nagelbretter mit unterschiedlicher Dichte, durchgezogen, bis seine Fasern weich und dünn waren. Je öfter er dabei durchgekämmt wurde, desto feinere Formen nahm er an. Der beim Hecheln entstandene Abfall, das Werg, wurde oft zu grobem Leinen versponnen.

Das Spinnen

Jetzt endlich konnten die Flachsfasern gesponnen werden. Das auf einen festen Strang zusammengedrehte Material wurde an die Kunkel, ein etwa zwei Meter hohes Holzgestell, gehängt und dann mit feuchten Händen auf die Rolle des Spinnrads aneinandergesponnen. Das war eine beliebte Beschäftigung vieler Frauen, und auch die junge Martha übte sich häufig darin, nachdem sie ihre Schulzeit abgeschlossen hatte. Sie traf sich dann oft mit ihren Freundinnen zum abendlichen Dorfklatsch. Dabei saßen alle an ihren Spinnrädern. Neuigkeiten gingen in diesen Stunden von Mund zu Mund, weshalb die Arbeit am Spinnrad Martha zu keiner Zeit lästig wurde.

Das Weben

War genügend Faden gesponnen, konnte er am Webstuhl endlich zu Leinen verwoben werden. Unter Anleitung der Mutter gelangen Martha am Webstuhl seit ihrem vierzehnten Lebensjahr prachtvolle Stoffe, die eine reichhaltige Aussteuer ergaben. Viele Winterabende wurden dafür geopfert. Martha und ihre Eltern entwickelten wie andere Bauernfamilien auch großen Ehrgeiz, möglichst die gesamte Aussteuer selbst herzustellen und in mehr als ausreichender Menge im Aussteuerschrank zu verwahren. Waren die einzelnen Tücher fertiggewoben, wurden sie mittags, wenn die Sonne am wärmsten schien, auf der Wiese am Bach ausgelegt und mit Wasser leicht bespritzt, um sie bleichen zu lassen. Regnete es, muß-

ten sie sofort ins Haus geholt werden, durften sie doch auf keinen Fall stärker naß werden.
Die größte Gefahr drohte ihnen jedoch von den Gänsen. Das Federvieh war nämlich darauf erpicht, sich auf die am Bach ausgebreiteten Tücher zu legen, um damit ihre Bäuche abzukühlen. Nicht selten kam es daher vor, daß die neuen Stoffe vom Gänsedreck verschmiert waren. Dann mußten sie sofort gewaschen werden, um nur ja keinen Geruch beizubehalten. Das war aber kein größeres Problem. Damals hatten die Bauernfamilien schon Techniken entwickelt, die mit einfachsten Methoden auch die schmutzigste Wäsche wieder sauber werden ließen. Mit aus Asche selbst hergestellter Lauge, Soda und selbstgefertigter Kernseife rückten die Frauen den verschmutzten Stücken erfolgreich zu Leib.

Waschen

Gewaschen wurde alle paar Wochen. Am Vorabend des anstrengenden Waschtages weichte man die schmutzigen Stücke mit Lauge oder Soda in Holzwannen ein. Lauge stellten die meisten Landwirte selbst her, indem sie heißes Wasser durch einen mit Stroh, einem Tuch und Asche gefüllten Korb laufen ließen. Die Brühe, die unten dem Korb entströmte, machte das Wasser weich und verlieh ihm schmutzlösende Kraft.
Am anderen Morgen wurden die schmutzigen Stücke dann einzeln der Wanne entnommen und auf einem alten Tisch mit der Bürste und aus Rinderfett und Schweineknochen selbst gefertigter Seife bearbeitet. Anschließend wurden sie in den Kochkessel gegeben und dort mit dem Stempfel, einem festen hölzernen Apparat, durchgewalkt, während das Wasser zum Kochen kam. Nach zehn bis fünfzehn Minuten im kochenden Wasser holte die Mutter

die Wäschestücke mit dem Rührlöffel aus dem Kochkessel und kühlte sie im kalten Wasser ab, bevor sie nochmals kräftig durchgerieben wurden. Noch einmal übergoß man sie dann mit heißer Waschbrühe, ließ sie über Nacht darin liegen und schwenkte sie am nächsten Morgen in kaltem Wasser. Ins letzte Bad wurde dann Blaumittel eingefüllt, eine blaue Creme, die sich im Wasser schnell löste und der Wäsche einen leichten blauen Schimmer vermittelte.

Schließlich wurde die Wäsche ausgewrungen und im Garten an Seilen zwischen den Bäumen aufgehängt. Waschen war allein Arbeit der Frauen. Von der Großmutter bis zum kleinen Mädchen mußten alle mithelfen, ohne daß einer der Männer jemals auch nur mit einem Handgriff eingesprungen wäre. Ihnen blieb es an solchen Tagen vorbehalten, mit Kühen, Ochsen oder dem Gaul Felder zu zackern und sich somit auf andere Weise nützlich zu machen.

Der neue Lebensabschnitt

Marthas Fähigkeiten erstreckten sich jedoch nicht nur auf das Weben der Stoffe. In der Frauenarbeitsschule, die sie nach Beendigung der Schulzeit in der Stadt zwei Monate lang besuchte, lernte sie verschiedene Handarbeiten wie Flicken und Sticken, und so schmückte sie seitdem ihre gesamte Aussteuer mit den anmutigsten Mustern. Sie entwikkelte einen solchen Eifer, daß sie alsbald über zehn Bettleinen, zehn Deckbettbezüge, zehn Leintücher, mehrere Kopfkissen zum Schlafen und mehrere zum Vorzeigen verfügte, obwohl für die Aussteuer weitaus weniger üblich waren. Martha war zu einer „guten Partie" geworden und alsbald von jungen Verehrern umschwärmt.

Bauernburschen aus der ganzen Umgebung kehrten zu einem Besuch bei ihren Eltern ein und erkundigten sich nach allem, was die Landwirtschaft betraf. Daß ihr

Hauptinteresse dabei aber weniger dem Hof als vielmehr der Tochter des Hauses galt, war meist leicht zu merken.

Martha genoß die Aufmerksamkeit der jungen Männer und ließ sich an Wochenenden ab und zu auf Bauernfeste und Tanzveranstaltungen einladen. So blieb es nicht aus, daß sie ihr Herz an einen dieser schlanken Burschen verlor, der aus dem Nachbardorf stammte und sie abends schon mehrfach nach Hause begleitet hatte.
Sie trafen sich immer öfter, zuerst heimlich, dann ganz offen und wurden sich schließlich einig, die Ehe zusammen zu wagen.
In den letzten kalten Februartagen zog sich Marthas auserkorener Zukünftiger die besten Kleider an, ließ sich an einem Sonntagnachmittag bei ihren Eltern zum Besuch ankündigen und hielt bei ihrem Vater ordnungsgemäß um Marthas Hand an. Der junge Albert machte einen guten Eindruck. Er war groß und kräftig von Figur, sein offenes und ehrliches Gesicht, sein sympathisches Äußeres und seine Ausdrucksweise nahmen Marthas Eltern sofort für ihn ein. Dennoch baten sie sich vier Wochen Bedenkzeit aus, sie wollten auch noch von anderer Seite Informationen über den jungen Mann einholen. Das war allgemein üblich, schließlich ging es um das lebenslange Wohl ihrer Tochter und um die Gewißheit, daß der Zukünftige willens und imstande war, sie materiell ausreichend zu versorgen.
Sie erkundigten sich über die Finanzkraft seines Hofes, über seinen Charakter, ob er als ehrlich galt oder etwa Zweifel an seiner Redlichkeit bestanden, schließlich über seine Gesundheit und die seiner Familie: Hatte es ansteckende Krankheiten gegeben, etwa Lungentuberkulose, Wassersucht oder Diphtherie, die das Leben der erhofften Kinder bedrohen konnten?
Nachdem all diese Fragen zu ihrer Zufriedenheit beantwortet waren, trafen sich Marthas Eltern mit de-

nen von Albert, um sich näher kennenzulernen und die Mitgift der beiden Hochzeiter auszuhandeln.
Man verstand sich, spürte sogar einen Hauch von Sympathie, ließ beim Handeln zugunsten der jungen Leute aber dennoch nicht einen Pfennig nach. Die Grundstücke, die dem Paar mitgegeben werden sollten, kamen ebenso zur Sprache wie das Geld und das Vieh, das die Mitgift erweiterte.
Schließlich einigte man sich per Handschlag und Unterschrift unter das gemeinsam erarbeitete Papier und gab die Verlobung des jungen Paares bekannt. Die Feier fiel nicht groß aus, man traf sich im Familienkreis, aß, trank, scherzte miteinander und dachte an die Zukunft der jungen Menschen. Dann, drei Wochen nach Frühlingsbeginn, suchte man den Pfarrer und den Bürgermeister auf, bat um einen Hochzeitstermin und ließ das Aufgebot aushängen. Jetzt stand die Hochzeit vor der Tür.

Die Hochzeit

Mit dem Aushang des Aufgebots begann die Arbeit des „Hochzeitsladers“. Ein freundlicher, im Dorf allseits beliebter Landwirt, der gern mit den Leuten redete und in geselliger Runde einem oder mehreren Gläsern Most zusprach, wurde beauftragt, den Nachbarn den Zeitpunkt der Hochzeit mitzuteilen und sie alle zur Trauung in der Kirche der nahegelegenen Stadt und zur Nachfeier zwei Tage später bei den Brauteltern einzuladen.
Eine Hochzeit war immer ein Fest fürs ganze Dorf. Alle waren als Gäste willkommen, so daß der Hochzeitslader viel zu tun hatte. Mit Stock und Zylinder, einen Buschen am Stock und eine Blume am Zylinder, eilte er im Dorf von Haus zu Haus. Manchmal schaffte er vier oder fünf Nachbarn an einem Abend, oft jedoch nur einen oder zwei. Seines lustigen Wesens wegen wurde er nämlich von vielen bereits

sehnsüchtig erwartet und zum Most oder zum Essen eingeladen. Seine Anwesenheit versprach anregende Unterhaltung, und oft wurde im Familienkreis über seine Späße und Geschichten herzhaft gelacht. Wenige Tage vor der Hochzeit hatte er es schließlich geschafft. Freundlich meldete er den Brauteltern, daß seine Pflicht erfüllt sei, und nahm zum Dank für sein zeitraubendes Amt die Einladung zum Mitfeiern am Festtag an.

In Marthas Elternhaus war man für das große Ereignis sorgsam vorbereitet. Womit man jedoch nicht gerechnet hatte, war der entzündete Zahn, der sich bei der jungen Hochzeiterin mit empfindlichen Schmerzen bemerkbar machte und sie voller Verzweiflung in die Werkstatt des Schmieds laufen ließ. Der nämlich war fürs Zahnziehen zuständig und für die notwendige Desinfektion hatte er allemal einen selbstgebrannten Schnaps bereitstehen. Wie es das Ungeschick wollte, war der wackere Handwerksmeister aber ausgerechnet am Tag von Marthas größten Qualen in Nachbardörfern unterwegs, so daß ihr nichts anderes übrigblieb, als den zeitraubenden Weg in die Stadt zum Arzt auf sich zu nehmen.
Der Doktor wunderte sich sehr, daß ein Patient aus dem Dorf zum Zahnziehen bei ihm auftauchte und fragte:
„Ja, liebes Fräulein, ist denn der Schmied verreist?"
Dann aber nahm er sich ihrer Schmerzen an und beseitigte kurzerhand den Übeltäter. Die Hochzeitsfeier schien gerettet.

Am Tag der Hochzeit erstrahlten Haus und Hof in selten zuvor gesehenem Glanz. Nachbarn, Großeltern und Tanten hatten mitgeholfen, das gesamte Anwesen von Schmutz und überflüssigen Gerätschaften zu befreien und ihm einen sauberen, einladenden Eindruck zu geben. Wohnhaus und Stalltüren wurden mit Blumen, Tannenreisig und klei-

nen Bäumen geschmückt, der Hof mehrfach gekehrt und zusätzlich naß aufgeputzt und die Wohnräume für die Hochzeitsgäste umgestellt. Schlafzimmer, Wohnzimmer und Diele rüstete man mit langen Tischen aus, an denen die Gäste Platz nehmen sollten, die Küche wurde mit unzähligen Töpfen und Schüsseln der Nachbarinnen bestückt, die die Tante und zwei Nachbarsfrauen benötigten, um die zahlreiche Verwandtschaft mit Essen und Trinken zu versorgen.
Der Hochzeitstag brachte dunkle Wolken und kalte Regenschauer. Das war eine unangenehme Mitgift des Himmels, zumal man zum Rathaus und zur Kirche in der Stadt mindestens vier Kilometer Fußweg hin und später wieder zurück hinter sich bringen mußte. Dennoch galt der Regen am Hochzeitstag als vielversprechender Anfang einer jungen Ehe. „Wenn's der Braut auf den Haarkranz regnet, wird die Ehe glücklich", wußte der Volksmund zu berichten. So stand dieser Tag tatsächlich unter einem vielversprechenden Omen, kaum jemand störte sich an den Unbilden des Wetters, als sich der lange Hochzeitszug von Marthas Elternhaus langsam über zwei Hügel hinweg in die Stadt bewegte.

Martha trug ein schwarzes, mit feinen Borten verziertes Kleid, einen schmalen, nicht sehr langen Schleier über dem zu einem Kranz gelegten, vorher der Locken wegen noch mit Zuckerwasser durchgekämmten Haar.
Ihr Bräutigam kam im schwarzen Frack und mit steifem Zylinder, wie Marthas Kleid von Verwandten ausgeliehen für diesen wichtigsten Tag ihres gemeinsamen Lebens. Vorneweg in dem langen Zug der Hochzeiter marschierten die Kleinsten: Die Kinder der Verwandten im schönsten Sonntagsstaat.
Ihnen folgten die „Kirchführer", Jugendliche, die noch nicht verheiratet waren. Ihre Aufgabe war es, das Ziel und das Tempo des Zuges im

Auge zu behalten und alle auf dem richtigen Weg zu führen.
Anschließend das Brautpaar, begleitet von den Eltern und Großeltern, dann die zahlreichen Verwandten, am Schluß die Nachbarn und andere Gäste.
Hatte man die kurze, recht nüchterne Zeremonie auf dem Rathaus der Stadt hinter sich gebracht, begab man sich in die nahe Kirche, wo schon der Kirchenchor, dessen Mitglied die junge Martha war, auf die Feiernden wartete. Die Sänger standen auf der Empore und ließen, kaum daß die Orgel verstummt war, ihre Stimmen mit dem Lied nach dem 121. Psalm hoch erschallen: *Hebe Deine Augen auf zu den Bergen, von welchen Dir Hilfe kommt.*
Es folgte die Ansprache des Pfarrers, der Wechsel der Ringe, der Segen und der Trautext, den sich die Brautleute im vorbereitenden Gespräch mit dem Pfarrer selbst hatten aussuchen dürfen: *Wo der Herr nicht das Haus baut, da wacht der Wächter umsonst.*
Das gemeinsam gesungene Lied: *Du meine Seele singe,* das Lieblingslied Marthas von frühester Schulzeit an, ließ den Hochzeitsgottesdienst ausklingen.
Schneller als es sich die aufgeregte Braut vorgestellt hatte, war die wichtige Stunde vergangen. Unter brausenden Orgelklängen und vielstimmigem Glockengeläute verließ die Hochzeitsgemeinde das Gotteshaus.

Draußen wurden die Frischvermählten von der Schar eifriger Gratulanten umringt. Man schüttelte ihnen die Hände, wünschte Glück und Gottes Segen und gab ihnen allerhand Ratschläge mit auf den langen Lebensweg. Die Augen der Mütter, Tanten und Großmütter füllten sich mit Tränen, die Männer standen ungelenk und verlegen drumherum. Einzig die Kinder schwirrten in lustigen Spielen um die festliche Menge, unbekümmert um die gedankenvollen Mienen der Erwachsenen.

Lange jedoch hielt das Gratulieren vor der Kirche nicht an: Heftige Regenschauer trieben die Hochzeiter zur Eile, den Rückweg bald hinter sich zu bringen, um im Haus der Braut das Mittagessen einzunehmen. Und so formierte sich der festliche Zug erneut, jetzt mit dem frisch getrauten Paar in der Mitte. Es schien, als wolle der Himmel alles nur erdenkliche Glück über die beiden Vermählten ausschütten, so weit öffneten sich seine Schleusen. Jedenfalls mußten die Braut und viele der Gäste, zu Hause angekommen, ihre Strümpfe wechseln, so sehr trieften die Schuhe vor Nässe. Da traf es sich gut, daß die Köchinnen eine heiße Suppe vorbereitet hatten, die mit Sauerkraut, Leber- und Blutwurst als Vorspeise aufgetragen wurde.
Erst nachdem dann die Kleider wieder einigermaßen trocken waren, schritt man zur Hauptmahlzeit, einem kräftigen Braten mit Spätzle, Nudeln, Kartoffel- und grünem Salat, begleitet von Wein und Most aus den Weinbergen und den Apfelkulturen der Onkel und Tanten.
Gesättigt vom reichlichen Mahl begann der gesellige Teil des Festes: Man sang in fröhlicher Runde lustige Lieder wie „Auf em Wase graset d' Hase – Bauremädle sind mir lieber als so Kaffeebembale", tanzte in der Stube, in der man inzwischen die Tische weggeräumt hatte und trieb allerhand lustige Spiele und etlichen Schabernack.
Höhepunkt des Mittags war der Auftritt der alten, dreiundneunzigjährigen Großtante, die sich nicht genierte, einen lustigen Beitrag zu dem Fest beizusteuern: Anmutig verbeugte sie sich vor dem frisch vermählten Paar, schaute mit blitzenden Augen in die Runde der Gäste und trug auswendig, ohne Stottern oder steckenzubleiben, ihren Hochzeitsspaß vor:

Ein heiratslustigs Weible sucht
durch die Zeitung einen Mann,
und richtig fängt der Herr mit ihr
das Korrespondieren an.

Sie schreibt von 20000 Mark
die Mitgift ging noch drein,
dazu von einem Äckerle
und von einem fetten Schwein.
Das spricht den Herrn Bewerber an
drum schreibt er ihr auch gleich,
weil er ihr Äußeres kennen möcht,
bitte er ums Konterfei.
Ich weiß nicht, ist die künftige Braut
beschränkt gewesen oder schlau,
sie schickt dem Herren jedenfalls
ein Bild von ihrer Sau.

Ging der Tag dann seinem Ende entgegen, wurden nach der Abendmahlzeit die Gäste auf die Nachbarn zum Schlafen verteilt und das frischgebackene Ehepaar ins neue Heim begleitet. Natürlich ging das nicht ohne Tränen ab, sah doch die Mutter ihre Tochter an diesem Tag endgültig aus dem Haus scheiden. Aber die erste Nacht im neuen Haus hatte auch ihre spaßigen Seiten, nicht nur für die jungen Eheleute, sondern auch für die Jugend des Dorfes, die das Schlafzimmer auf ihre ganz spezielle Weise ausgestattet hatten. Da fing plötzlich, kaum wandte sich der junge Ehemann seinem frischgebackenen Weibe zu, eine schrille Glocke unter ihrem Bett zu läuten an, weil er sich allzu eilig auf die andere Seite begeben hatte, und drunten vor dem Haus tönten die Begeisterungsschreie der lauernden Übeltäter, die am Mittag die Glocke unter dem Bett der jungen Frau festgebunden hatten. Und mitten in der Nacht, die jugendlichen Attentäter waren längst verschwunden und nach Hause zurückgekehrt, rissen die schrillen Töne hinter dem Schrank versteckter Wecker das Paar aus seinem ersten gemeinsamen Schlaf. Waren dann der Tag und die Nacht endgültig heil überstanden, kehrte die Braut am nächsten Morgen noch einmal in ihr Elternhaus zurück, sammelte Geschenke und Aussteuer auf den vorbereiteten Leiterwagen, ließ die Pferde davorspannen und fuhr ins neue Heim hinüber. Spinnrad und Kunkel waren an Bord, ein Kinderwagen und ein Kinderbett deutlich zu sehen, Besen, Schaufel und ein Kuchenblech an einem Balken befestigt und allerlei Haushaltsgegenstände zur Schau gestellt. Der Wagen war mit Blumen und Girlanden verziert, prächtig anzusehen, und die Eltern und Großeltern standen vor dem Hof und blickten dem dahinziehenden Gefährt mit Tränen in den Augen nach. Langsam fuhr Martha aus dem Dorf, ihrer neuen Wohnstätte zu. Ihr erster Lebensabschnitt war beendet, eine neue Zeit brach an. Doch soviel an Neuigkeiten in den folgenden Jahren auch auf sie einstürmte, ihr Leben beeinflußte und veränderte, nie wird sie müde werden, sich daran zu erinnern, wie's früher war, an das Leben in alter Zeit.

Nachwort

Das Leben in alter Zeit hatte seine sonnigen, aber auch seine schattigen Seiten. Wir sollten nicht den Fehler begehen, diese Tatsache durch Schönfärberei zu übermalen.
Prägendes Merkmal war die in weiten Kreisen außerhalb der herrschenden Schichten verbreitete materielle Armut – fast unvorstellbar für uns anspruchsvolle Kinder der Wohlstandsgesellschaft. Problematisch auch die intensive gegenseitige Kontrolle der Menschen durch ihre Nachbarn – bedingt durch das Zusammenleben auf engstem Raum und die strengen sozialen Normen der alten Zeit.
Beide Probleme sollten wir heute in unserer Gesellschaft weitgehend überwunden haben, zugunsten neuer, nie vorher gekannter individueller Freiheiten.
Was viele Menschen der alten Zeit jedoch auszeichnete und uns heute in weiten Teilen abhanden gekommen scheint, war ihre Fähigkeit, auch mit bescheidenen Mitteln ein glückliches Leben zu führen und ihrer Existenz auch mit den einfachen Möglichkeiten einen Sinn abzugewinnen. Deshalb wird es immer wichtiger, den Berichten der Alten zuzuhören, aus ihren Lebensumständen zu lernen: Um uns heute wieder klar zu machen, daß mit immer mehr materiellem Wohlstand, immer mehr irdischen Gütern unser Glück und unsere Zufriedenheit nicht zwangsläufig wachsen.
Die Beanspruchung unserer natürlichen Umwelt durch unseren anspruchsvollen Lebensstil hat inzwischen Außmaße erreicht, die unser aller Überleben in Frage stellen. Aus den Erzählungen der Menschen aus alter Zeit können wir heute noch lernen, was wir ändern müssen, um wieder Anschluß zu finden an eine Lebensform, die sich in die natürlichen Zusammenhänge einfügt und uns allen trotzdem oder gerade deswegen Zufriedenheit verheißt. Wir brauchen nicht noch mehr Konsum-

zwang, mehr Straßen, immer noch schnellere Autos, sondern wir sollten lernen, wieder mehr Rücksicht auf unsere Mitmenschen und die Natur zu nehmen. Wenn dieses Buch einen Anstoß zu einer solchen Besinnung geben kann, haben die Berichte der älteren Menschen über die bloße Erinnerung hinaus noch zusätzlich einen Sinn gefunden.
Für die Abende füllenden Berichte, die große Geduld beim Wiederholen und Noch-genauer-Erklären sowie die dabei geschenkte Gastfreundschaft bedankt sich der Autor bei allen freiwilligen Erzählerinnen.
Besonders hervorzuheben ist in diesem Sinn Frau Frieda Luithardt.
Zudem bedanke ich mich bei allen, die mir ihre Photographien und sonstigen Erinnerungsstücke großzügig zur Verfügung stellten, auch wenn wir angesichts der großen Auswahl für dieses Buch gar nicht alle berücksichtigen konnten.
Besonderen Dank verdienen in diesem Zusammenhang Franziska und Georg Allertseder, Herr Erwin Beck, Familie Frey, Frau Hayer, Frau Küenzlen, Frau Frieda Luithardt, Familie Peter, Frau Herta Pohl, Herr Franz Skarpil, Frau Renate Wöhrle und meine Mutter, Frau Martha Wanninger.
Für die vielen guten Anregungen, die aufmunternde Betreuung und die mühevolle Arbeit beim Herstellen dieses wie auch früherer Bücher bedanke ich mich auch ganz besonders bei meiner Lektorin, Frau Christa Pohl, sowie allen anderen Verlagsmitarbeitern.

Inhalt

Weitere Bücher von Klaus Christian Wanninger
im Fischer Taschenbuch Verlag Frankfurt am Main

Klaus Christian Wanninger
Das Neue Inter-Rail-Reisebuch
Auf der Schiene durch Europa
Fischer-Taschenbuch 7577 DM 14,80

Mit Informationen über sämtliche Regionen Europas, die lohnendsten Städte und reizvollsten Landschaften.
In mehrere Fremdsprachen übersetzt.

Klaus Christian Wanninger
Auf die griechischen Inseln reisen
Ein Reiseführer auf über 80 griechische Inseln
Fischer-Taschenbuch März 1990

Klaus Christian Wanninger
Nach Spanien reisen
Ein Reiseführer durch sämtliche Regionen Spaniens
Fischer-Taschenbuch April 1990

Klaus Christian Wanninger
Nach Griechenland reisen
Ein Reiseführer durchs Land der frühen Kulturen
Fischer-Taschenbuch September 1990
